本书受教育部人文社会科学研究青年基金项目"新型创业生态系~~~
研究"（19YJC630180）、山东省自然科学基金青年项目"1+~~~
字创业生态系统功能涌现机制研究"（ZR2022QG052）资助

经管文库·管理类

前沿·学术·经典

The Formation and Evolutionary
Mechanisms of New Entrepreneurial
Ecosystems

新型创业生态系统
生成及演化机理研究

王正沛 ◎著

经济管理出版社

ECONOMY & MANAGEMENT PUBLISHING HOUSE

图书在版编目（CIP）数据

新型创业生态系统生成及演化机理研究 ／ 王正沛著.

北京：经济管理出版社，2025. -- ISBN 978-7-5243

-0186-8

Ⅰ. F241. 4

中国国家版本馆 CIP 数据核字第 2025W1F429 号

组稿编辑：杨国强
责任编辑：赵天宇
责任印制：许　艳
责任校对：王淑卿

出版发行：经济管理出版社
　　　　　（北京市海淀区北蜂窝 8 号中雅大厦 A 座 11 层　100038）
网　　　址：www. E-mp. com. cn
电　　　话：(010) 51915602
印　　　刷：唐山昊达印刷有限公司
经　　　销：新华书店
开　　　本：720mm×1000mm/16
印　　　张：11. 75
字　　　数：156 千字
版　　　次：2025 年 6 月第 1 版　　2025 年 6 月第 1 次印刷
书　　　号：ISBN 978-7-5243-0186-8
定　　　价：98. 00 元

前　言

本书全面探讨了在"互联网+"背景下，创业生态系统的新变化及其生成、演化的内在机理，以系统理论、自组织理论等为基础，结合案例研究，揭示了新型创业生态系统的动态特征和发展规律，提出了一系列有价值的理论见解与政策建议。

自"互联网+"行动计划实施以来，互联网技术迅速融合进各类产业，带来了全新的创业机会。与传统创业生态系统相比，新型创业生态系统依托于互联网平台和在线资源，不再局限于地理空间，展现出跨界融合和数字化发展的新特征。传统创业生态系统主要依赖于物理实体，如高校、科研机构和风险投资机构等，而新型创业生态系统则通过网络虚拟空间，整合了线上和线下的创业资源，形成了一个开放性、动态性和协同性兼备的新系统。研究新型创业生态系统的生成与演化机理具有重要的理论价值和现实意义，可为优化创业政策和促进区域经济发展提供科学参考。

本书系统回顾了国内外学者关于创业生态系统的研究，发现现有文献主要关注传统创业生态系统的构成和运行机制，如创业者、融资机构、政策支持和创新要素等。然而，随着数字经济的发展，创业活动日益在线化

新型创业生态系统生成及演化机理研究

和虚拟化,传统的地理边界性、物理实体性等特征不再适用。新型创业生态系统的发展趋势引发了学界对数字创业生态系统、平台经济和共享经济等新概念的研究热潮。文献综述揭示了当前研究的不足,即缺乏对互联网背景下创业生态系统新特征的系统分析,对其生成与演化机理的研究也相对薄弱,因此本书尝试从这些薄弱点切入,构建新的研究框架。

在文献回顾的基础上,本书深入分析了新型创业生态系统的核心特征与构成要素。新型创业生态系统的构成要素包括核心物种(创业者)、辅助物种(创业服务机构、投资机构)、支持物种(基础设施提供者、政策制定者)等,这些要素共同构建了一个复杂、多元且具有高度协同性的生态网络。该系统的核心特征包括:①线上线下资源融合。新型创业生态系统既包括传统线下资源,如高校、科研机构、创业孵化器等,也包括大量的线上创业资源和服务平台,如电商平台、社交媒体、云计算和大数据服务等。②资源分布虚拟化。与传统创业资源集中在特定地理位置不同,新型创业生态系统中的资源多以"网络地址"为定位,创业者可以通过互联网获取全球范围的资源和服务。③全网均等化。新型创业生态系统打破了地理位置的限制,使创业资源面向所有社会成员开放,创业者不论身处何地都能获得平等的资源和支持。

新型创业生态系统的生成是多种内外部因素共同作用的结果。本书提出了几种主要生成机理:①资源跨界融合。在互联网技术的推动下,创业资源突破了传统行业和地域的界限,实现了跨界融合。线上平台与线下资源的结合,为创业者提供更多元化的资源获取途径。②创新需求驱动。创业者在寻找市场机会和满足创新需求的过程中,推动了系统的自组织生成。互联网的普及加速了信息的传播和资源的配置,使创业生态系统能够迅速聚合和演变。③政策支持与引导。政府的政策支持是新型创业生态系统生成的重要外部动力。通过优化创业环境、鼓励技术创新、提供融资支持等手段，政府为创业生态系统的形成与发展提供了坚实基础。

本书从时序和动态角度深入探讨了新型创业生态系统的演化机制。主要演化机制包括：①系统扩展机制。线上平台的开放性和可扩展性，推动了创业资源的快速集聚和扩展，使系统的边界不断扩大。②资源共享机制。系统内不同主体通过共享资源、信息和服务，实现了创业效率的提升。例如，创业者可以通过众包平台和社交网络获取即时反馈和市场信息，加速产品的迭代与优化。③协同演化机制。系统内的创业者、服务机构和政策支持主体之间通过协同互动，共同推动系统的动态优化。创业者的需求变化促使服务机构不断创新和调整策略，从而形成了一个自我强化的正反馈机制。

为推动新型创业生态系统的发展，本书基于上述研究提出了以下对策建议：①优化创业支持政策。政府应加大对数字基础设施的投资，支持线上创业平台和服务机构的发展，并推动线上线下资源的融合。②促进创新创业文化。创造支持创新和包容失败的创业文化环境，增强社会对创业者的支持和认可。③推动区域协调发展。新型创业生态系统的无边界特性可以帮助缩小不同地区的创业资源差距，政府应制定差异化政策，促进各地区资源的互补与共享。

创业生态系统不仅能提升创业效率，还能为区域经济发展带来新的动能。在当前数字经济快速发展的背景下，系统的成功运行能够为创业者提供一个稳定、高效的创业环境，具有广泛的应用场景和良好的发展前景。本书的研究不仅扩展了创业生态系统的理论边界，也为理解和应对数字经济时代的创业挑战提供了科学依据和实际操作指引，具有重要的理论创新性和实践指导意义。

目　录

第1章　绪论

1.1　研究背景

2015 年 3 月，我国首次提出了"互联网+"行动计划，旨在推动移动互联网、云计算、大数据、物联网等与现代制造业结合，促进电子商务、工业互联网和互联网金融健康发展，引导互联网企业拓展国际市场。"互联网+"的提出，表明互联网已经从一个"信息交换平台"转变为了"产业变革支点"，对人民生活、产业发展都产生了深刻的影响。

在创业领域，一方面，互联网的发展带来了全新的创业机会。在线社交、医疗健康、智能硬件、电子商务、新媒体、共享经济、互联网金融、大数据、云计算、人工智能等领域都是当前大热的创业风口。另一方面，互联网的发展也改变了创业资源的分布位置、获取途径和影响范围（见图 1-1）。传统的创业资源以地理位置进行定位，而在线创业资源以"网络地址"进行定位。相应地,创业者获取创业资源的方式除进入特定的"物理场景"外,还可以通过"网络虚拟空间"获得所需的创业资源和服务。传统情境下,由于线下创业资源有相对固定的地理坐标,其辐射范围和影响力受地理、交通等因素限制,呈现由中心向外递减趋势,而创业者根据其所处地理位置不同获取创业资源的成本也不同。在互联网情境下,由于创业平台和资源面向全体社会成员开放,即使处于不同地理位置的创业者也可以获得均等的创业资源和服务,这是传统情境下创业资源所不具备的新特性。概而论之,"互联网+"不仅催生了新的创业机会,更改变了传统创业资源的分布位置、获取方式和影响范围,使创业资源实现了跨界分布、多元获取途径和全网均等化影响力。

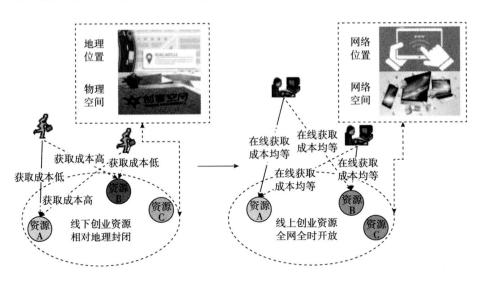

图 1-1　线下和线上创业资源特性示意图

在互联网背景下,创业资源分布位置、获取方式和影响范围的改变,必然驱动创业生态系统发生质变。创业者和创业资源是创业生态系统的重要组成部分,创业服务主体和创业者间的协同、互动构成了创业生态系统。

一个已存的事实是：创业资源在互联网推动下，其分布位置、获取方式和影响范围都有了全新的变化，当构成创业生态系统的重要组成部分"创业资源"在互联网背景下发生重大变化时，创业生态系统本身必然受到影响，并发生改变，形成不同以往的新特征、新功能。

综上所述，"互联网+"深刻地影响着创业活动，一方面，催生了全新的创业机会，另一方面，改变了创业资源的特性，随之而来的影响是创业生态系统也受到影响，发生改变。这意味着，经济、社会、技术、市场等外部因素的改变，催生出了不同于以往的新型创业生态系统，为作区分，本书将这种新产生且具备新形态、新功能和更大影响范围的创业生态系统称为"新型创业生态系统"。

1.2　问题提出

传统意义上，创业生态系统是以创业者为核心，包含了多种创业相关主体（包括大学、金融机构、政府等）以及它们之间的协同和互动网络，其最终目的在于提升创业效率和质量。学者们认为，创业生态系统包含三个方面的潜在特点：

（1）可界定的单位，如国家、州、城市、地区或更小的单位（如孵化器、加速器等）；

（2）地理边界性（Geographic Bounds），有界地理范围内的地理相近促进了社会网络形成和知识交换；

（3）资源载体具有物理实体性（Brick-and-Mortar, Physical Boundaries），

如大学科研机构、风险投资机构、创业孵化器等。

"互联网+"背景下的创业生态系统并不完全符合上述三个潜在特点。"互联网+"背景下的创业生态系统包含了在线创业资源和平台，这些资源和平台存在于无限的虚拟网络空间，因此，没有地理边界。同时，得益于互联网的共享性，在线创业资源的影响范围必然超越了城市、州、国家的界限。其中，部分创业资源如创业信息的载体本身就是网络平台，也不具备物理实体性。因此，本书认为："互联网+"背景下的创业生态系统不同于传统意义上的创业生态系统，其在分布空间、影响范围乃至系统功能等方面都显著地区别于后者。

为了叙述和研究方便，本书将这种"互联网+"背景下新形成的创业生态系统称为"新型创业生态系统"，以区别于传统创业生态系统。新型创业生态系统分布外观如图1-2所示，新型创业生态系统既包含了传统的线下创业资源和机构，也包含了大量在线创业服务平台和资源。在演化和发展过程中，线上和线下的创业资源和服务机构也产生了合作和融合，形成了更加紧密且高效的内部合作网络。

新型创业生态系统是"互联网+"背景下跨界资源融合生成的新生事物，本书以新型创业生态系统为研究对象，结合新事物认知的一般规律，提出了由外及内、由浅到深的三个研究问题：①新型创业生态系统的基本特征。②新型创业生态系统的生成机理。③新型创业生态系统的演化机理。由此，凝练和总结提出了本书的研究题目：新型创业生态系统生成及演化机理研究。期望通过本书的研究，能更加全面深入地了解创业生态系统在新背景下的新形态、新发展、新趋势，同时更加深刻地认识创业生态系统的生成及演化发展规律，完善和丰富创业生态系统理论，为决策者科学地制定创业政策提供有益的参考和借鉴。

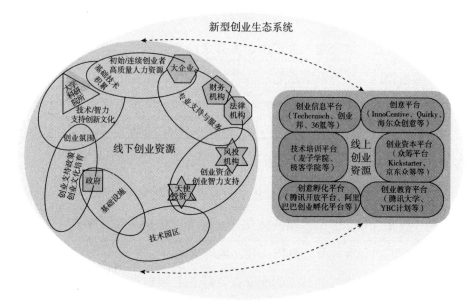

图 1-2 新型创业生态系统分布外观基本示意图

1.3 研究意义及应用前景

1.3.1 科学意义

从时间溯源角度而言，学者们关于创业生态系统理论的研究已超过 20 年，受技术发展时滞的影响，在此期间，学者们的研究背景和研究视角鲜少聚焦于"互联网"和"在线化趋势"，导致前人的研究理论和成果可能无法完全适应新技术背景下创业生态系统的新发展和新趋势。比如，关于创业生态系统要素的研究，受技术发展的局限性，前人的研究往往缺乏在线平台和在线资源。类似地，关于系统分布空间、功能和演化趋势的研究，前人的研究往往忽视了虚拟网络空间、跨界资源融合以及系统服务功能涌现等特征和要点。结合前人关于创业生态系统研究的技术视角局限，学术研究发展趋势以及作为新演变趋向的新型创业生态系统的独有特点，本书的科学意义和价值主要体现在以下方面：

1.3.1.1　关注新技术背景下创业资源特征和属性的新变化，丰富和完善创业资源理论

前文提炼了在"互联网+"背景下创业资源的新变化和新趋势，包括网络化和在线化分布、虚拟云端载体化和全网均等化辐射和影响力。这事实上打破了我们对创业资源的传统认知：地理空间布局、实体物理作为载体、影响范围由中心向边缘递减。创业资源在线化发展趋势是本书导入的前置条件和因素，通过本书的研究能更加全面地了解在新技术背景下创业资源在特性、功能等方面的新变化。同时，进一步通过它与创业生态系统的互动演化，全景式地描述和展示"创业资源在线化趋势"的影响。总之，通过本书的研究能加深我们对创业资源特性、功能和影响的认识，进一步丰富和完善当前的理论研究。

1.3.1.2　从创业资源特征和属性变化角度辨明其与创业生态系统的动态演化关系

对创业生态系统的研究，前人的研究往往注重"创业资源和要素的堆叠"，忽视了创业资源和创业生态系统的互动和交互演化。本书的灵感来源是：创业资源在线化趋势助推了新型创业生态系统的生成。这客观上说明创业资源的特征（结构、规模等）会影响创业生态系统的演化和发展。而作为一个自组织系统，创业生态系统形成后会反作用于创业资源的结构和规模，两者之间具有互动和协同作用。前人鲜少将两者置于同一水平下进行研究，客观上割断了两者之间的关系。本书意图将创业资源和创业生态系统同

时进行研究，通过多维视角、机理构建和机制梳理厘清两者之间的动态演化关系，这是前人研究中缺乏的，也是本书研究的学术价值和意义。

1.3.1.3 从创业者与创业服务主体（创业资源）的协同视角探查新型创业生态系统的协同演化机理研究

前人对创业生态系统理论的研究提出了多种演化机理，但这些机理研究没有或者无法证明其为系统演化的核心驱动和机制。本书从创业者和创业服务主体协同视角构建新型创业生态系统的协同演化机理，这是不同于以往的机理构建视角，对于我们深刻理解和把握创业生态系统的演化规律具有积极的科学意义。

1.3.2 应用前景

本书对新型创业生态系统的研究，有效地契合了我国当前的经济社会发展需求和政策走向，具有较为广泛的应用场景，主要体现在以下方面：

1.3.2.1 科学地探查创业政策的政策环境变化

政策环境是政策规划和执行的关键所在，要保证创业政策的科学有效，必须精准把握创业政策的环境变化。在"互联网+"时代，创业资源呈现在线化发展趋势，互联网领域的创业机会开始井喷，甚至创业资源在线化本身也是重要的创业机会。这些都是当前创业政策面临的新环境。本书积极关注"互联网+"背景下创业资源和创业生态系统的新变化，这些都是直接影响创业政策有效性、科学性的关键因素。因此，本书的研究成果能为我国现阶段创业政策的制定和执行梳理出科学、精准的政策环境，为创业政策的最大效用奠定基础。

1.3.2.2 为多领域创业支持政策的系统化构建提供科学借鉴

创业活动涉及社会的多个领域，包括高校、科研院所、产业集群和结构、经济发展基础设施、风险投资、创业精神与文化、财政税收支持以及高素质劳动力等。因此，政府为有效促进创新创业需要从多个政策领域发力，实现不同领域政策的系统、协同和持续性。本书研究新型创业生态系统，其中就涉及广泛的创业要素和创业支持领域，通过本书的研究能科学地梳理出"互联网+"时代政府创业政策所涉及的主要领域，并通过要素协同与系统演变机理，为不同领域的政策走向提供科学依据。这是本书研究的又一重要应用场景和领域。

1.3.2.3 精准描述和解释政策客体——创业生态系统的新演变和新发展，为决策者科学构建创业政策逻辑、精准预测政策效果提供理论参考

政策客体是政策的主要发力对象，对创业政策而言，创业生态系统就是一个重要的政策客体。现阶段，为了促进创业和区域经济发展，各级政府都开始强化区域创业生态系统培育，以营造创业氛围，促进创业发展，因此，创业生态系统成为创业政策的重要客体和对象。本书研究新型创业生态系统的演化机理和功能涌现机制，有助于政策制定者了解创业政策客体的基本演化和运行规律，对明晰创业政策导向、科学选择创业政策切入点、精准制定创业促进政策、有效监管政策执行和全面评估政策效果都有积极意义。因此，本书的研究成果能为决策者科学地构建创业政策的逻辑、精准预测创业政策效果提供理论参考。

1.4 研究内容

第1章主要介绍了研究背景、研究问题、研究目的与意义，并提出了

"新型创业生态系统"这一研究概念。针对"互联网+"背景下创业生态系统的新变化,提出了三个核心研究问题:①新型创业生态系统的基本特征是什么?②新型创业生态系统的生成机理是什么?③新型创业生态系统的演化机理是什么?本章还梳理了研究思路和技术路线,设定了整体研究框架。

第 2 章回顾了国内外关于创业生态系统的研究进展,包括系统特征与内涵、要素构成、运行机制、生成与演化机理等方面的研究成果。重点讨论了数字化和互联网对创业生态系统的影响,以及新型创业生态系统与传统系统的区别。文献综述揭示了现有研究的不足,为后续的研究提供了理论基础和方向。

第 3 章分析了新型创业生态系统的基本特征。提出了线上线下资源融合、资源分布虚拟化、全网均等化等特点。系统构成包括核心物种(创业者)、辅助物种(投资机构、孵化器等)和支持物种(政策支持、基础设施提供者等)。本章详细解释了这些要素之间的互动关系,以及它们在新型创业生态系统中的作用。

第 4 章以深圳市、北京市中关村、美国硅谷为案例,详细分析了新型创业生态系统生成过程中的关键要素、组织结构特点、要素黏合机制以及生成机理。

第 5 章详细介绍了新型创业生态系统的演化机理,包括其具体演化过程(发展阶段、成熟阶段)、演化驱动机制以及自组织、他组织理论视角下的演化机理。

第 6 章主要从创业资源汇聚、创新人才培育、创业文化和氛围营造、鼓励数字消费、建设数字基础设施、规范数据交易市场以及推动高校创新创业发展等七个方面提出了构建新型创业生态系统的策略。

1.5 技术路线

本书以案例和实证研究范式为基础，以"系统特征认知"—"系统生成机理"—"系统演化机理"为逻辑主线，综合应用案例研究、生态系统理论、耗散结构理论、自组织理论、突变理论等研究方法和理论，对新型创业生态系统生成及演化机理进行研究。本书技术路线如图1-3所示。

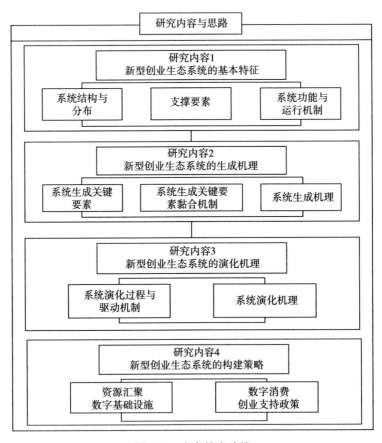

图1-3 本书技术路线

1.6　本章小结

　　本章主要介绍了本书的研究背景、研究意义及具体应用前景。同时，本章还详细列出了本书的具体研究内容、研究方法和研究技术路线图。另外，列出了本书研究的基本纲领，为后续进展设定了框架和基本指导。

第 2 章   文献综述

创业过程需要多种创业相关主体共同参与，协同推动新创企业健康发展。新创企业是区域经济发展的新动力源泉，因此，为了更好地促进区域经济发展，引导和鼓励创业，决策者往往期望在区域内构建一个融合多种创业相关主体的协同、共生的创业生态系统，并将其作为新创企业成长的外部环境，从而直接或间接地提升区域内创业质量和效率。就实践层面而言，创业生态系统对于区域创新创业、经济发展有着积极且显著的意义。

就学术层面而言，创业生态系统是当前创业领域研究的一个新兴热点问题。个体经济与创业领域知名期刊 *Small Business Economics* 在 2017 年 6 月出版了以 "Entrepreneurial Ecosystems" （创业生态系统）为主题的特刊（Special Issue），专门讨论了研究型大学与创业生态系统、创业生态系统生命周期、数字化创业生态系统以及系统内新创企业合法化悖论等前沿问题。同样是 *Small Business Economics* 期刊，2019 年第 2 期又出版了专题为 "The Governance of the Entrepreneurial Ecosystems"（创业生态系统治理）的特刊，重点讨论了研究合资企业（Research Joint Ventures）、大型跨国企业、私募股权投资者、本地大学（知识）、地方金融系统和当地居民机会主义倾向等在创业生态系统治理中的关键作用。*Strategic Entrepreneurship Journal* 于 2018 年 3 月出版了以 "Entrepreneurial Ecosystems"（创业生态系统）为主题的特刊，讨论了创业生态系统的形成、创业加速器在创业生态系统中的作用以及过程视角下创业生态系统的演化发展等问题。此外，*Entrepreneurship & Regional Development* 在 2018 年第 3~4 期发布了新的征稿主题：The Dynamics of Entrepreneurial Ecosystems（创业生态系统的动态），同样关注了 "创业生态系统" 这一主题。上述国际期刊在特刊专题上的选择从侧面表明 "创业生态系统" 是当前学术研究的热点。

从时间动态发展来看，创业生态系统研究是一个热度不断增加的学术问题，在 Web of Science（WoS）核心合集数据库中以标题 "Entrepreneurial Ecosystems" 或 "Entrepreneurship Ecosystems" 进行检索，共检索到 385 篇文献，类似地，在中国社会科学引文索引（CSSCI）中以 "创业生态系统" 为关键词进行检索，共检索到相关论文 161 篇，相关论文发表年度见图 2-1。可以明显看出，在 WoS 和 CSSCI 数据库中 "创业生态系统" 相关论文呈现逐年增长的趋势，特别是在 2015 年以后，发表论文数量迅速攀升，客观上也说明了 "创业生态系统" 是近年来热度不断蹿升的学术热点问题。

总体而言，创业生态系统是一个新兴的热点问题，近年来学者们进行了全方位、多层次的研究，并取得了较为丰富的研究成果。但创业生态系统本身是一个不断演化发展的事物，对它的研究主题较多，如系统特征、要素构成、运行机制、演化机理以及系统治理等。对同一事物开展的多主题研究，虽然有利于丰富和拓展我们的认知，但也使我们难以从宏观、整体层面把握现阶段研究的薄弱点以及未来研究的新方向。在综合考虑创业生态系统的重要实践意义、学术热点以及现阶段学术研究面临的特殊情境下，本章将对国内外创业生态系统相关文献进行系统回顾和总结，根据前

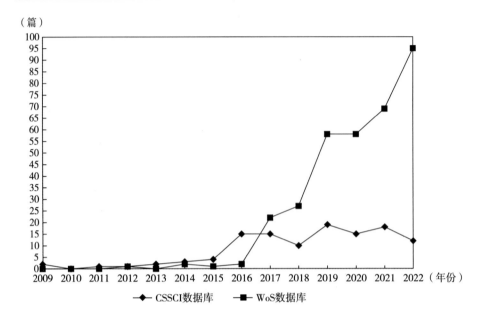

图 2-1 WoS 数据库和 CSSCI 数据库收录创业生态系统论文数量

人对创业生态系统研究的关注点和侧重点，本书从七个主题对创业生态系统文献进行回顾和总结，分别是数字创业生态系统、创业生态系统的内涵与特征、要素构成、运行机制、生成及演化机理、系统评价、系统治理。在此基础上，本书进一步探索和启发了创业生态系统未来研究的新方向，期望能为创业生态系统理论和实践发展做出积极有益的贡献。

2.1 数字创业生态系统

在数字创业生态系统这一概念提出之前，有学者注意到数字技术对创业生态系统产生的深远影响，王正沛和李国鑫（2018）将这种不同于传统的，包含互联网创业资源和平台的创业生态系统称为"新型创业生态系统"。他们较早地观察到了互联网赋能下新型创业生态系统在影响力和功能方面发生的新变化，他们认为，新型创业生态系统的发展使微观系统内的某些创业资源和服务具备全球全网影响力，宏观和微观创业生态系统的边界逐渐走向模糊。通过案例研究，他们分析了新型创业生态系统内部的主要物种，其中核心物种是创业者，由于创业者的存在，进而催生出了大量服务型物种。服务型物种主要有创业融资机构和平台、产品设计与生产企业、创业媒体、创业教育培训指导机构和平台等。除此之外，系统内还包括支持物种，如电信服务商、交通物流企业、支付平台等，它们为系统的持续运行提供有力的商业基础保障。就系统演化发展的动力机制问题，他们认为，创业服务和市场利益是根本动力源，这一机制从微观层面推动系统内创业主体间不断丰富和完善；创业资源和创业者是两个相互吸引的推动力，这是宏观层面驱动系统不断完善和发展的核心动力。

破解数字创业生态系统的演化发展规律，能帮助我们进一步深刻了解这一新生事物。杭州是我国一座充满活力的电商之都，这里创业资源丰富，创业氛围浓厚，创业投资热潮澎湃，是进行创业研究的一个极佳案例。朱秀梅等（2020）以杭州云栖小镇为案例，建立"多主体—机会集开发—共生关系（机会共生与价值共生）"的研究框架，分析数字创业生态系统动态演化规律。他们发现在孕育期，系统内要素主体较少，相关关系主要为松散共生、价值寄生和偏利共生；在发展期，系统内主体开始大幅增加，新的创业机会不断涌现，要素间的关系主要以机会溢出共生、价值非对称互惠共生为主；在成熟期，系统内形成了多元主体，创业机会实现了由发现型向开发型转变，各创业主体间逐步形成网络共生、价值共生等对称互惠共生关系。朱秀梅等（2020）认为，能为数字创业生态系统持续演进提供关键动力的是数字创业企业、数字用户和政府，同时它们也是系统的核心主体。

在梳理相关文献基础上，刘志铭和邹文（2020）构建了数字创业生态系统的一般性理论框架，在系统要素构成方面，他们认为，数字创业生态系统主要由数字多边平台、非平台型数字创业、数字用户、数字基础设施、正式制度、非正式制度、融资环境、人才环境等要素构成，其中，数字多边平台、非平台型数字创业和数字用户是系统得以有效运行的关键核心，而其他要素均为数字创业的外部生态环境。系统要运行，除了基本要素外，还需要有驱动各要素开展自组织活动的运行机制，刘志铭和邹文（2020）认为，数字创业生态系统最终通过网络信任机制、分享机制以及多方协作机制，使分属不同子系统的要素能有效连接和互动，系统边界不断拓展，创业服务功能不断创新和优化，最终实现系统的健康持续发展。

创业机会是创业活动开展的先导和基础条件，就其来源而言，学者们主要持有"发现说"和"创造说"两种观点。"发现说"认为创业机会是创业者通过不对称信息的分析、研究，发现经济社会运行中潜在的冗余资源或得不到满足的需求的过程。而"创造说"学者的观点认为，创业机会并非客观存在的事物，而需要创业者主动打破市场均衡，创造新的商业机会，获得新的市场均衡的过程。数字的普及和发展对传统产业进行了颠覆性革新和重组，大量新的数字化产品、服务开始出现，全新的商业服务应用场景也被催生出来，这些都是数字经济时代所独有的"数字创业机会"。赵文博和张敏（2021）认为，数字创业机会是数字创业生态系统中的重要能量，它直接主导和影响了系统内不同要素间的组合关系，以数字创业者为核心的能量交换机制是直接影响数字创业生态系统生命力的核心内容。

在数字创业蓬勃发展的今天，鲜有人意识到创业机会的属性发生了新的变化，而这种变化会直接影响数字创业生态系统的最终走向。杜晶晶等（2022）从社会资本理论角度出发，探讨了数字生态系统中创业机会的形成与发展问题，他们研究发现，在数字创业生态系统中，得益于互联网带来的信息传播便利性，创业者更容易获得和积累大量的创业社会资本，这有助于创业者进一步坚定其创业信念和机会信念，同时，借助社会资本的力量，能帮助创业者更好地开发和拓展创业机会，提升创业机会集的迭代性和创新性。这两方面作用最终会提升创业者的创业效率和成功率。

数字创业企业是数字创业生态系统内的核心主体，其绩效受到系统内多主体交互的影响。马鸿佳等（2022）利用组态思维和 fsQCA 方法研究了这种影响作用的产生机制，研究发现，在数字创业生态系统中，高绩效的数字创业企业一般与系统内主体形成了四种互动关系：合作企业驱动型、中介机构助力下高校及科研机构驱动型、数字用户主导下合作企业驱动型、合作企业与高校及科研机构双元驱动型。该研究成果更加清晰地描绘了系统内多主体间的复杂因果关系，可以更好地帮助我们了解系统内数字创业企业绩效提升的路径，具有较为重要的理论价值与实践意义。

数字创业生态系统要实现其复杂的创业服务功能，必须保证各子系统、各主体能实现高效协同。朱秀梅和杨珊（2022）以腾讯数字创业生态系统为研究对象，分析了数字创业生态系统的多主体协同机制这一关键问题，研究认为，系统内多主体间的协同机制包括数字创业网络嵌入机制、数字创业要素集聚机制、数字创业机会共生机制、数字价值共创机制和系统自组织机制，并提出了五大协同机制的四个发展阶段，即协同嵌入、协同集聚、协同共生、协同进化。

数字创业生态系统的形成路径一直是学者们积极关注的问题，陈稼瑜等（2022）以专业批发市场电商营销模式转型为基本案例模式，从环境和要素两条线索阐述了数字创业生态系统的形成路径，他们认为，技术、网络、政策、金融等各类属于行为环境，它们相互关联助推系统发展；行为要素是实现系统内各类主体活动的前提，系统内各类主体的竞争力主要取决于对要素的掌控，包括基础设施、资本、人才、商业模式等要素。行为主体的决策依赖行为环境的支撑，而行为要素是行为主体"持续追求"的生存目标，三者间形成复杂的互为因果的关系。

回顾前人研究发现，学者们已经对数字创业生态系统的概念、构成要素等方面进行了大量研究，从不同角度提出了多种新的观点，同时对系统的运行机制和演化发展规律也有了较为深刻的认知。但由于数字创业生态系统是近年来一个新兴事物，学者们对其认识还不够全面深刻，一些理论问题仍需在未来不断拓展，一是数字创业生态系统的支撑要素和体系，二是政策层面，数字创业生态系统应如何构建和发展。

2.2　创业生态系统的特征与内涵

创业生态系统是学者将生态系统理论应用于创业领域而提出的概念，它从生态学角度解释创业者与多样化创业相关主体间的合作关系生成、演化过程。关于创业生态系统的内涵，前人的观点主要可以分为两大类：第一类观点认为，创业生态系统是创业者和创业企业外部环境的体现。如 Cohen（2006）、Isenberg（2011）和 Stam（2015）等认为，创业生态系统是当

地理社区中各种创业支持要素的集合和连接，其根本作用在于优化创业
环境，支持和促进新创企业的可持续发展。第二类观点认为，创业生态系
统是以创业者和创业企业为核心而构建的不同主体、组织间的互动合作网
络，创业者和创业企业同样是创业生态系统的一部分。上述两种观点略有
不同之处，但在关于创业生态系统的功能性内涵方面，都认为创业生态系
统对新创企业发展和绩效有积极的影响，而这是创业生态系统存在和发展
的根本。

创业生态系统既包含有形的物质，也包含系统内主体间无形但客观存
在的合作网络关系。因此，关于创业生态系统的特征研究，学者们主要从
两个层面展开研究。

2.2.1 创业生态系统的无形内在特征和属性

作为一个独特的区别于自然生态系统的存在，创业生态系统除具备一
般性的系统特征外，还包含创业背景下生态系统的独特特征。就一般性系
统特征而言，创业生态系统是一个复杂的综合系统，包含了核心物种、服
务（辅助）物种、寄生（间接支持）物种等，具有整体性和多维性特征。
从空间层面而言，创业生态系统既有宏观形态，也有中观和微观形态，具
有层次性特征。从时间层面而言，创业生态系统始终处在演化发展的状态
中，均衡稳定状态具有相对性，动态性是其主要特征。系统要不断发展，
就需要不断容纳和吸收更多的资源和主体，同时需要不同子系统相互协同
融合，从演化发展角度而言，创业生态系统具有扩展性和开放性特征。

从生态系统角度下透视创业生态系统，Adner 和 Kapoor（2010）、Levie
等（2014）认为，其具备共生性特征。不同阶段、不同类型的创业者有不
同的创业服务和资源需求，因此，创业生态系统内包含了多样化的创业服

务主体，形成了专业化的创业服务，但创业者的需求往往并不是单一的，因此，为了满足创业者需求，专业化的创业服务主体间需要进一步建立合作关系，形成综合创业服务。综合而言，创业生态系统内的服务专业化，促生了互补化合作，并进一步演变成新创企业和创业服务主体，以及创业服务主体间的双重共生关系。创业生态系统（特别是新创企业和创业服务主体）的生成和演化受到外在环境的制约和影响，如地区产业结构、社会文化环境、地理环境、基础设施环境以及制度环境等都可能对创业生态系统的生成和发展产生影响和制约，而这种外在环境难以在短时间内发生改变，直接导致了创业生态系统必须主动适应环境，进而形成了创业生态系统或主动、或被动的环境依赖性特征。基于创业生态系统的环境依赖性，进一步得出结论：不同环境特征，造就了不同类型的创业生态系统，因此，创业生态系统也具备了多样化特征。关于创业生态系统的特征，蔡莉等（2016）在梳理前人文献的基础上，提出了创业生态系统所具备的六大特征：多样性、网络性、共生性、竞争性、自我维持性和区域性。这一研究较好地归纳了创业生态系统所具备的内在特征。

2.2.2 地理特性以及空间分布特征

一方面，从可测的地理范围角度，学者们对创业生态系统进行了范围界定和分析，其中比较典型的研究如 Cukier 等（2016）直接将创业生态系统限定在 "30 英里范围或者 1 小时车程地区范围内"，而 Gauthier 等（2016）对创业生态系统的定义范围更大一些，他们认为创业生态系统是以创业资源共享地为中心 60 英里半径范围内的地区。从地理空间分布角度而言，Miller 和 Acs（2017）认为，创业生态系统具有不同的 "单位"，如国家、州、城市、地区或更小的层级（如孵化器、加速器）等。学者们之所以关注创业生态系统的地理空间分布特征，其中的重要原因在于系统要素（创业服务主体等）间的地理相近（Close Geographic Proximity）能有效促进社会网络、信息以及知识的构建和交换，而这直接影响创业生态系统的中心度、结构特征、稳定性、紧密度、拓展性以及功能性特征。

另一方面，创业生态系统除分布于可测的地理空间外，还随着互联网技术的发展拓展至不可测的虚拟网络空间，但创业生态系统的这种新变化和新发展似乎并没有引起学者们的足够关注，Neumeyer 和 Santos（2018）批评了现阶段创业生态系统研究过度关注其物理边界（Physical Boundaries），而忽视了"创业生态系统也出现在了互联网世界"这一事实。在互联网背景下，创业机会、创业资源、创业过程都发生了新的变化，Nambisan（2017）较早关注了数字化背景下的创业，提出了数字化创业的概念，并指出，在数字化背景下，创业资源和服务机构具备了数字化和在线化特征，创业者和新创企业获取资源不再受到地理空间约束，形成了"创业过程的无边界性，创业中介/机构的非确定场所性"。这一研究结论较早地发现了数字化、互联网背景下的创业过程和创业服务主体发生的新变化，进一步，部分洞察力较为敏锐的学者也发现了数字化、互联网背景下的创业生态系统的新变化，Sussan 和 Acs（2017）将数字生态系统与创业生态系统结合，提出了数字化创业生态系统概念（Digital Entrepreneurial Ecosystem，DEE）。Du 等（2018）以北京中关村为案例，研究数字化创业生态系统（DEE）的形成过程和劳动角色分类。王正沛和李国鑫（2018）也注意到创业生态系统在互联网背景下发生的新变化，他们认为，互联网的出现，使原先地理空间存在的创业资源拓展到了互联网虚拟空间，创业资源的分布位置从地理位置延伸至网络地址，在这样的背景下，创业生态系统的分布空间既包含了地理空间的创业资源和服务主体，也包含了网络虚拟空间的创业服务主体，他们将这种新形式的创业生态系统称为"新型创业生态系统"。我们可以进一步推测，这种具备了互联网信息共享性、开放性、即时性特征的新型创业生态系统能有效地提升创业效率，扩大系统影响力和辐射范围。

在回顾前人关于创业生态系统特征的基础上，本书梳理、总结和绘制了创业生态系统特征图，如图2-2和图2-3所示。

图2-2是创业生态系统的外在形态。按照学者们以往的观点，创业生态系统以创业者为核心，并包含了多种创业相关主体（包括大学、金融机构、政府等）以及它们之间的协同和互动网络，其最终目的在于提升创业效率和质量。

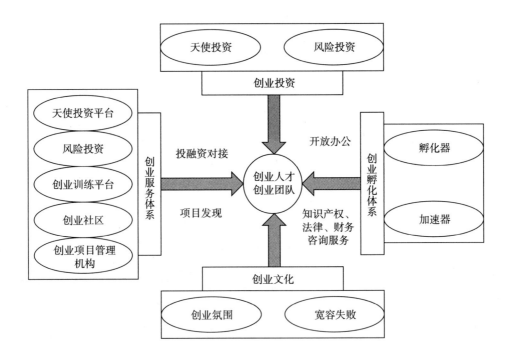

图2-2 创业生态系统的外在形态

总体而言，传统意义上的创业生态系统更局限于线下、物理实体、地理距离层面。

图 2-3 是创业生态系统的内在特征。总结来看，关于创业生态系统的内在特征，学者们一方面关注了创业生态系统所具有的一般系统特征，如动态性、开放性、层次性、整体性等，另一方面关注了生态系统视角下创业生态系统所具有的共生性、环境依赖性等特征。关于创业生态系统的外在特征，学者们一方面关注了创业生态系统所具备的地理、物理实体性特征，另一方面开始关注在互联网背景下创业过程、创业资源、创业生态系统外在特征上所发生的新变化，提出了创业资源在线化特征、创业过程无边界化以及创业服务全网覆盖等特征。

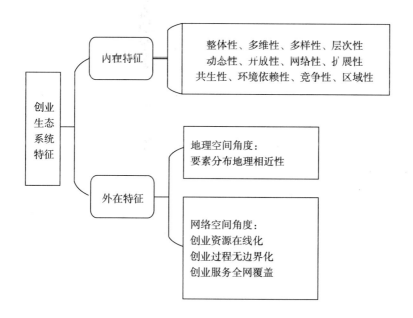

图 2-3 创业生态系统的内部特征

2.3 创业生态系统要素构成

系统内要素构成是创业生态系统研究的重点，相关代表性的研究主要从创业文化、基础设施、创业政策、创业资金、市场、劳动力、研发技术、社交网络等方面提出系统要素构成（Malecki，2018）。本书梳理前人研究后，总结和归纳了其中有代表性的研究成果，如表 2-1 所示。

表 2-1　创业生态系统要素构成相关代表性研究

代表性研究作者	系统要素构成和关键组成部分
Neck 等（2004）；Cohen（2006）	①非正式关系。代表着创业者的朋友、家人、同行以及和相似公司的非正式关系 ②正式关系。正式关系主要是指在经济社区中多元化的主体群 a. 研究型大学。包括培养知识渊博的毕业生、有能力的创业者、熟知创业的公民和消费者 b. 政府。包括培养友好的创业气氛、税率、激励、补贴和资助等其他形式的积极财政支持，在许可证方面取消官僚主义的繁文缛节 c. 专业和支持性服务。包括企业税收、法律支持和顾问、供应商组织的存在 d. 资金来源。包括风险投资、天使投资等 e. 人才库。包括吸引高质量的雇员，地区本身培养的高质量人才和雇员 f. 大企业。包括当地员工技能培训、大企业离职员工创业、基础技术的积累 g. 技术园区。包括分享会议室、办公空间、与专业顾问和投资人的沟通平台、其他支持服务 h. 基础设施。包括房地产的可用性和相对成本，传统的和可替代的交通效率 i. 文化因素。广义而言，包括区域的自然景观和气候、集体利益、区域公民文化程度和社区的集体精神

续表

代表性研究作者	系统要素构成和关键组成部分
Nadim 和 Anders；经济合作与发展组织（OECD, 2007），创业指标指导小组	区域规则框架（Regulatory Framework）、创新创业文化、研发与技术、区域创业功能、可获得资金、市场条件
Isenberg（2011）	①有益的文化。包括创业者的社会地位、对风险错误的容忍程度、创新创业氛围、（地区）国际声誉、投资者的财富创造等方面 ②授权的政策和领导。包括社会合法性、明确的支持、机构（投资、支持机构）、财政支持（研发、启动基金）、监管框架激励等 ③资金。包括小微贷款、天使投资、风险资本、私募股权等投资机构 ④支持。包括基础设施支持，如能源、交通、通信、产业、孵化中心等，专业支持包括财务、法律、投资银行、技术人才，非政府机构支持包括创业者支持协会、创业计划大赛、创业者交流大会等 ⑤人力资本。包括熟练和非熟练的劳动力、连续创业者、一般学历教育机构、特殊创业教育机构 ⑥市场。包括早期产品或概念的接受者、将概念产品化的专业人才、早期评论者、扩散渠道、创业者社交网络、海外关系以及多元合作等
Suresh 和 Ramraj（2012）	以印度为研究对象，研究创业环境（创业生态系统）对创业成功的影响。结论认为： ①精神支持。包括创业者家庭、亲属、朋友和社会的支持 ②资金支持。包括来自直系亲属、银行、风险投资家、亲友、教育机构、天使投资者、资本市场、政府机构和供应商的信贷等 ③网络支持。包括企业家协会、政府创业网络、工业企业联盟，其他还包括特殊的行业协会、校友会、在线社交网络、供应商和分销商网络等 ④政府支持。包括中小型企业集群、微型企业教育项目、激励制度、孵化中心、基础设施、奖励和法定程序等 ⑤技术支持。政府资助的孵化中心、研究型大学、当地的人才库、引进技术 ⑥市场支持。主要是指市场机遇、包括政府和贸易协会的报告、供应链支持、忠诚的消费者、贸易展览等 ⑦社会支持。行业协会奖励、接受失败风险、媒体曝光、对创业者和创业行为的尊重 ⑧环境支持。自然资源和气候条件等
Feld（2012）	领导、创业中介、网络密度、政府、人才、支持服务、沟通约定、大公司、资本

代表性研究作者	系统要素构成和关键组成部分
Foster 等；世界经济论坛（World Economic Forum，2013）	①开放的市场，包括在本地和外部市场都需要大企业、中小企业以及政府作为消费者 ②人力资本/劳动力。包括管理人才、技术人才、创业公司经验、外包的可用性、移民劳动力 ③融资和金融。包括朋友和家人资金支持、天使投资人、私募股权、风险资本、债券市场准入 ④支撑体系。包括创业导师、专业服务、创业孵化器/加速器、创业群网络 ⑤监管框架和基础设施。制度层面的税收激励、商业友好政策，水、电、交通、通信等基础设施 ⑥教育和培训。包括大学阶段的技能培训和针对创业的特殊教育等 ⑦作为催化剂的大学。大学的主要作用包括三个方面：为创业公司提供人才、为创业公司的创意形成提供帮助、形成尊重创业的文化 ⑧文化支持。包括失败和风险的容忍度、自谋职业/个体经营偏好、成功创业示范、科研文化、创业的正面形象、颂扬创新
汪忠等（2014）	社会创业生态系统的构成要素包括主导企业、政府部门、非营利组织、商业企业、其他社会企业或社会创业组织、科研院所、媒体机构和中介服务机构
杨勇和王志杰（2014）	①在位企业：提供创业人员、科技创新产品、新技术、经验知识、技术员工 ②地方政府：制定创业政策、协调各方利益、提供资金支持 ③大学及科研机构：提供创意、新思想和技术；培育创业者和优秀员工 ④科技中介组织：促进技术创新和科技成果产业化 ⑤金融机构：风险投资、天使投资基金、私募基金等 ⑥科技创业企业：系统内核心种群
Stam（2015）	创业生态系统要素包括系统状态（社交网络、政策领导、资本、劳动力、知识和支持服务）和框架状态（正式机构、文化、物理基础设施和市场需求）
吴伟等（2016）	以全球创业观察报告为数据支撑，通过实证研究，探究国家层面创业生态系统中要素对创业活动活跃度的影响，其中有显著影响的要素包括税收、创业政策、创业教育、创业辅助项目、金融发展、基础设施水平、科研转化、市场状况、创业文化及社会规范

续表

代表性研究作者	系统要素构成和关键组成部分
马鸿佳等（2016）	①政策领域。包括明确的政策支持和倡导、创业立法、创业政策、监管激励政策等方面 ②文化方面。成功的案例、社会规范、创业者社会地位、鼓励创新、财富创造、驱动和激励 ③金融领域。风险投资基金、私募股权、天使投资人等 ④支持领域。基础设施、专业支持、非政府机构支持 ⑤劳动力领域。熟练工人，教育培训机构 ⑥市场。早期产品开发者、接受者、评论者和媒体扩散；创业者网络和海外公司
Spigel（2017）	①文化方面。包含创业支持文化、成功创业者的历史事迹 ②社会方面。包含创业者和投资人间的社会网络、投资资本、高素质雇员、创业导师和榜样 ③物质方面。包含大学、创业支持服务和设施、政府和政策以及开放市场
Brown 和 Mason（2017）	创业主角（创业者、商业孵化器、联合办公空间、创业加速器等）、创业资源提供者（银行风投机构、众筹、P2P、天使投资人、大学以及大企业关联、研发中心等）、创业连接器（专业协会、创业俱乐部、创业社区、投资人和创业者匹配服务、商业中介人）和创业文化（创业教育、创新氛围、失败容忍度、个体经营者社会地位等）
Roundy（2017）	物理资源（运输和技术基础设施、互联网接入等）、社会资源（系统内主体间交互网络，与系统外资源和主体的交互网络）和文化资源（成功创业者的故事、价值共享）

　　除上述形成体系的创业要素和构成，学者们还对创业生态系统中某一单独要素进行了研究和分析，相关研究如 Hayter（2016）认为，大学在区域经济增长中发挥着重要作用，而大学的其中一个作用是推动学术创业，认为大学中教师和已毕业学生中的创业者之间的社会网络联系有助于促进学术创业。

　　Goswami 等（2018）认为，创业加速器不仅能帮助个体创业者，同时对于创业生态系统的发展也有积极意义，主要体现在：建立联系；培养个体初创企业；协调生态系统中各个参与者之间的正确匹配；选择具有合适动机和知识的创业导师。

关于创业文化中的创业叙事，Roundy（2016）认为，成功创业生态系统以及企业家的案例能够激励其他年轻人投入创业中，创业生态系统叙事的类型包括：成功的创业故事、创业历史资料、面向未来的叙事导向。创业生态系统叙事的功能在于传播系统文化、理解创业生态系统、构建系统身份（认同）、系统合法化、为系统赢得关注和描述系统未来。

关于系统内的创业社交网络，Reid（2001）提出了三种类型的社交网络：创业机会的信息网络、资源获取的交换网络、建立合法性和与竞争对手打交道的影响力网络。通过社交网络，创业者可以获取身份认可、知识和技术、创业技能和建议、资金、集体学习能力等。在高校创业生态系统内，Miller 和 Acs（2017）认为，学生创业者处于核心地位，其他组成部分由内到外分别是：学校内部资源网络，自由、多样化、可用资产和校园边界属性，以及区域/城市创业生态系统特征等。

整体而言，对于创业生态系统的要素构成，国内外学者进行了大量丰富的研究，一方面系统地提出了创业生态系统内部要素构成，另一方面对系统内的独特要素如创业加速器、创业叙事以及社会网络等进行了研究。综合对比来看，前人的研究结论存在相似之处，一定程度上说明，要实现鼓励和促进创业的功能，创业生态系统的构成在世界范围内并无太大差异。在回顾前人研究基础上，本书构建了一个创业生态系统要素构成模型图，系统总结了前人关于创业生态系统要素构成的成果。如图 2-4 所示。

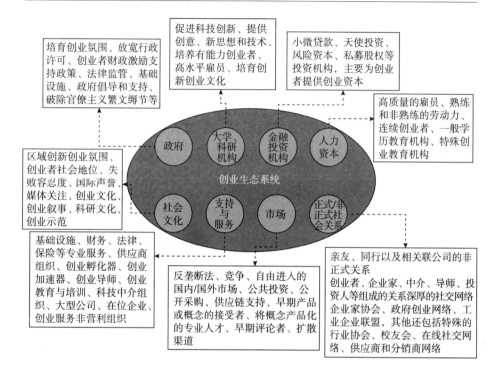

图 2-4　创业生态系统要素构成模型

值得注意的是，学者们对于创业生态系统的物质（机构、主体和组织等）和非物质（关系、网络和精神等）层面进行了大量研究，但这些研究往往从静态角度机械地列举了系统的要素构成，缺乏对连接要素的"链带"、支持和推动系统运转的"机制"进行深入分析。要了解一个复杂的机械产品，不能只去关注它包含哪些螺纹、齿轮、轴承、箱体等零部件，更要掌握这些零部件在怎样的动力机制下实现联动。同理，要深入地了解创业生态系统，不能只去分析它的一个"静态截面"，还需要从动态的、发展的角度来分析其运行机制和演化发展机理。

2.4 创业生态系统运行机制

创业生态系统的运行机制受到系统结构、系统要素构成等多方面的影响，是创业生态系统在稳定状态下功能体现的基础。对于创业生态系统的运行机制，学者们通过解析系统结构，研究不同系统层面的交互影响，进而推演系统运行机制。

Stam（2015）构建的创业生态系统的运行结构如图 2-5 所示。他认为创业生态系统要素包括系统状态（社交网络、领导力、金融资本、合格雇员、知识和支持服务/中介）和框架状态（正式机构/组织、文化、物理性的基础设施和需求），创业生态系统要素促进了创业活动，最终产出是聚合的价值创造，而创业活动和价值创造反过来推动了创业生态系统要素的发展。

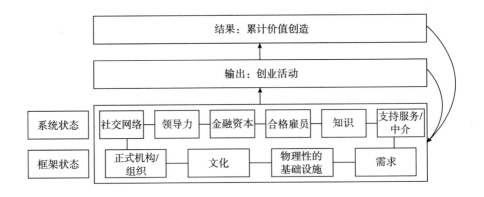

图 2-5 创业生态系统关键要素、输出和结果

项国鹏等（2016）认为，创业生态系统包括：核心层——微观主体的创业者；要素层——创业生态系统的构成要素，围绕创业过程，创业者和要素层互相作用并构成创业网络；汇聚层——集合创业者种群和要素种群，组成不同的群落，能量和信息在此交互传递。

蔡莉等（2016）认为，创业生态系统中存在着互相依赖的网络结构，同时，系统内企业间也存在复杂的竞合关系。宏观层面，新的企业加入系统并与相关企业建立合作网络关系，促进了生态系统的发展壮大，而系统的发展也有助于其内部企业新技术的开发和新市场的开拓，两者相辅相成。

Spigel（2017）认为，创业生态系统由文化属性（Cultural Attributes）、社会属性（Social Attributes）和物质属性（Material Attributes）三种属性构成。物质属性、社会属性和文化属性三者之间存在增强和支持效应，如图2-6所示。

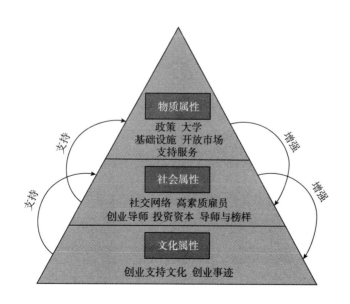

图2-6 创业生态系统内属性间关系

另外，学者们从单一特征层面研究创业生态系统的运行机制，如信息传播机制、新陈代谢机制、多层次创业网络嵌套机制、异构创业资源整合机制、创业能力动态提升机制等。

Malecki（2018）认为，企业家精神是创新和创业的重要导向机制。

Stam（2015）、Qian（2018）认为，创业生态系统的重要产出就是企业家精神，而企业家精神又推动了系统内知识信息传递机制和知识溢出机制，从而促进区域创新、企业集群和经济发展。

Roundy 等（2017）研究了创业生态系统的干扰适应力和环境应变力，提出了创业生态系统恢复力（The Resilience of Entrepreneurial Ecosystems）这一概念，认为生态系统面临外部和内部条件变化带来的干扰，然而，随着系统恢复力的增加，系统抗干扰能力增强，适应变化所需时间减少。具有恢复力的系统能够"吸收"干扰并进行必要的变革。

杨隽萍等（2018）在总结和提炼创业生态系统特征的基础上，进一步推演出了创业生态系统内部的运行机制：风险传导机制、资源共享机制、竞合机制和平衡调节机制，如图2-7所示。

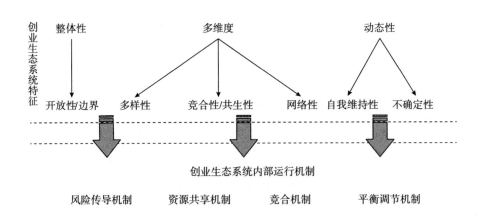

图2-7 创业生态系统特征与内部运行机制

在总结和归纳前人研究的基础上，本书认为，要厘清创业生态系统的基本运行机制，应先划分系统内的核心行为主体，然后厘清不同行为主体间的关系，由此才能构建系统的运行机制。

首先，对于创业生态系统的核心行为主体，本书认为主要包含两大类：新创企业和创业服务主体。虽然创业服务主体包含多种类型，但它们都具有共同的行为逻辑：服务创业。

其次，对于新创企业和创业服务主体间的关系，本书认为主要是创业资源服务需求和创业资源服务供给（满足）的关系。

基于上述两点分析，结合前人研究成果和结论，本书提出了创业生态系统运行机制模型，如图 2-8 所示。

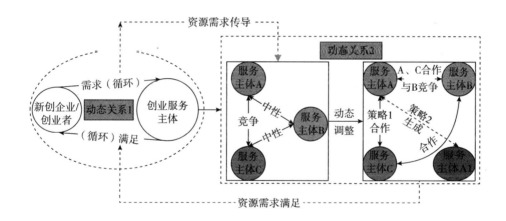

图 2-8　创业生态系统运行机制模型

本书所构建的创业生态系统运行模型的核心机制是：新创企业与创业服务主体间的创业资源需求和满足机制。新创企业有创业资源需求，在市场机制作用下，创业服务主体获得了该需求信息，创业服务主体开始动员并整合资源进行需求适配。这一核心机制处在一个不断循环的过程中，系统内新创企业对创业资源和服务的需求是多样化的，且不断变化。因此，客观上要求创业服务主体的资源服务必须是多样化和动态化的。这形成了创业生态系统内的第一对动态关系。当然，从另一个角度看，创业服务主体的资源供给数量和质量会进一步影响新创企业和创业者的数量以及系统的吸引力，这意味着这一对动态关系的影响和作用是相互的。而动态关系1又会继续传导至创业服务主体间，形成动态关系2。

在创业生态系统内，创业者与创业服务主体间资源需求与供给的动态变化，会通过资源需求机制进一步传导至创业服务主体间，为了满足创业者的需求，创业服务主体间原来的静态竞争关系会逐渐打破，并进行动态调整，如服务主体 A 为了满足创业者需求，可以有两种策略：策略1，服务主体 A 与 C 合作，导致原来 A、C 间的竞争关系消失，形成新的合作关系，同时 A 与 C 的合作又导致了 A 与 D 间的中性关系可能演变为竞争关系；策略2，服务主体 A 直接自己生成服务主体 A1，以满足创业者需求。同时，站在创业主体 B、C 视角下，它们两者也有可能为了满足创业者需求，从中性关系建立新的合作关系。总之，直至创业者与创业服务主体间的资源需求供给矛盾得到暂时缓和，系统内的创业服务主体间的关系才能暂时稳定，形成相对的静态关系，否则就会不断处于动态调整阶段。这是创业生态系统内的动态关系2，而动态关系2体现了创业生态系统内的竞争和合作机制。

关于创业生态系统的运行机制，前人的研究成果较多，如资源聚集机制、资源共享机制、知识溢出机制、信息传递机制、调节机制、风险传递机制、自组织机制等，但正如前文所述，要探寻系统运行的机制，必须了解系统内核心主体间的动态关系，才能梳理和构建系统运行的深层次机制。

本书认为，创业生态系统的核心机制是创业资源的需求满足机制，而核心机制进一步触发了基本机制——创业服务主体间的竞争和合作机制。

2.5　创业生态系统生成及演化机理

现阶段，创业生态系统研究注重系统要素构成，忽视了系统中要素交互和连接过程，以及它们如何形成一个具有活力的可持续发展的有机系统，这意味着现阶段对创业生态系统的生成及演化机理研究有待进一步丰富和完善。

创业生态系统是一个整体、复杂且包含多样组织和个人的系统，而不同的组织、个体往往有不同的价值逻辑和行为准则，因此，要使这些组织和个人形成紧密的系统结构往往需要凝聚力和社会交互等因素的黏合。

Roundy（2017）认为，共同价值观是系统凝聚力的一个指标，创业—市场逻辑（Entrepreneurial-Market Logic）和社区（Community Logic）塑造了创业生态系统，而混合支持组织（Hybrid Support Organizations）（企业孵化器和中小企业发展中心等）成为将这种逻辑扩散和传播给生态系统参与者的工具。

创业—市场逻辑和社区逻辑是创业生态系统创建和运作的必要条件。混合支持组织的存在将增加创业生态系统参与者的创业—市场逻辑和社区逻辑的普遍性和强度。在创业—市场逻辑和社区逻辑主导下的混合支持组织能比同质化支持组织孕育更多异质性新创企业。

Thompson 等（2018）将生态系统看作一个由共同逻辑联合起来并参与

集体价值创造的相互依存的参与者网络，他从社会影响倡议（Social Impact Initiatives）角度研究创业生态系统形成，将社会交互划分为二元交互、团队交互、组织交互和跨组织交互四个层次。社会交互会进一步推动四种不同领域的活动：文化认同、社区构建、法律基础设施创立和金融支持产生。四种上述活动都推动了创业生态系统的生成和发展。

Yi 和 Uyarra（2018）以浙江大学为例，提出了研究型大学构建学术创业生态系统的过程机制："个体—组织—环境—过程"模型，以及推动学术创业生态系统的三个基本机制：激励机制、协作机制和能力机制。如图 2-9 所示。

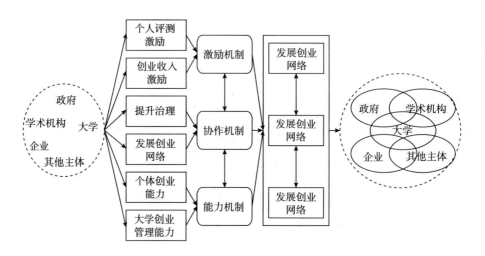

图 2-9 学术创业生态系统构建模型

众创空间是一种新兴的微型创业生态系统，众创空间在我国的形成和发展一方面有来自市场自组织行为的作用，另一方面受到企业、政府组织等主动规划和构建的影响。2015 年，国务院办公厅《关于发展众创空间推进大众创新创业的指导意见》印发，体现出众创空间在生成和发展中带有较为明显的政府规划和助推作用。

关于如何构建众创空间，向永胜和古家军（2017）认为，应从三个层面着手：一是核心层，基于"产业+服务"双生态圈，围绕创业项目产业链各环节提供支持与服务；二是基于多要素资源打造创业企业完整的创业要素层；三是基于创业全过程辅导形成创业企业的外围保护层。

关于创业生态系统的生成过程，从系统论角度而言，就是将无序、零散的元素进行整理，排列形成有序的包含稳定功能的统一体。在整合前人研究的基础上，本书给出了创业生态系统的一种生成逻辑（见图 2-10）。在未出现系统之前，创业生态系统的主要构成要素创业者（创业企业）和创业服务主体是零散的、分布的，但两者间存在基本的"资源需求—资源供给"互补逻辑关系。在这一基本逻辑关系的作用下，两者之间的交互关

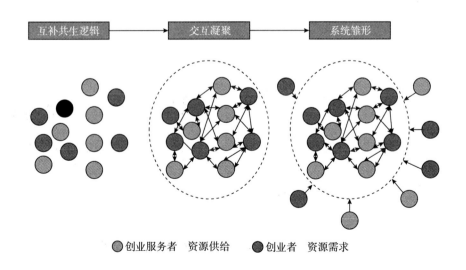

图 2-10 创业生态系统生成逻辑

系逐渐建立，创业资源和企业集聚的特定区域会逐渐形成具有凝聚力的"核心"。而在资源集聚效应、规模效应、网络效应的作用下，这一"核心"会形成外向的吸引力，吸引更多创业资源和企业进入。这样，宏观层面的创业生态系统雏形就基本形成了。

生成机理重点在研究事物如何实现从 0 到 1 的突破，而演化机理聚焦于事物如何从 1 发展到 10 乃至 100 的问题。对于创业生态系统的演化机理，学者们主要从时序角度分析系统演化发展的不同阶段和特点，这些观点往往从宏观的生命周期角度描述创业生态系统的演化和发展。创业生态系统的活力主要体现在促进新生企业产生和发展方面，因此，新生企业数量和衰亡企业数量是量化和探测系统发展阶段的重要标准。

Mack 和 Mayer（2016）从宏观层面提出了创业生态系统的四个演化阶段：一是产生阶段，特点是新生企业数量大于死亡企业数量；二是生长阶段，特点是新生企业数量远大于死亡企业数量；三是持续阶段，特点是新生企业数量小于死亡企业数量；四是衰退阶段，死亡企业数量明显超过新生企业数量。

随着低耗能、低排放绿色经济的发展，绿色产业也逐渐集聚形成一定规模，相应的绿色创业生态系统也逐渐显现。与 Mack 和 Mayer（2016）等的研究类似，林艳等（2018）认为，绿色创业生态系统一般要经历萌芽期、成长期、成熟期和衰退期四个阶段。

系统是复杂的要素、资源、机构和个体的集合，出于市场利益考虑，组织和个体可能会采用不同的竞争策略，导致系统内创业企业种群和配套组织种群可能会呈现独立共生、偏利共生、互利共生和恶性竞争的演化模式，林艳等（2018）通过实证模拟认为，互利共生模式是系统最佳演化发展方向。

整体而言，关于创业生态系统演化发展阶段的研究数量不多，结论趋同。这些研究虽从宏观上厘清和明确系统整体的发展框架，但仍需要进一步深入系统内部探索系统内部运行机制，归纳和总结出驱动系统发展和演化的核心动力和机制。

针对上述研究缺陷，学者们进一步关注了系统内不同要素对于创业生态系统演化发展的驱动作用，如企业家精神、共生网络、移民等。创业生态系统内应该鼓励和培育的核心精神是崇尚创新、冒险的企业家精神。创业生态系统内部需要源源不断地产生创新，才有可能将创新转变为价值进行循环，如果没有创新，就难以有新创企业产生，随之而来的是创业资源服务主体逐渐主动剥离系统，导致系统规模、功能和吸引力下降，最终使系统走向衰亡。创业生态系统中不同要素间的合作网络往往建立在共生关系基础上，因此，共生关系是创业生态系统中的根本关系，共生关系的建立、发展、持续以及消退直接影响着创业生态系统的发展演变。在创业生态系统中，基于企业需求和外部环境因素的驱动作用，创业主体根据自身需求与其他创业主体开发创业机会，形成共生关系，促进创业主体间的共生共演，使创业生态系统更好地发展，而这种共生关系的演变需要经历识别、形成与发展三个阶段。人才是技术、智力、资本、社会资本等资源的载体，因此，它是创业生态系统中最重要的核心资源之一。

对于微观层面的创业生态系统而言，人才资源更具有独特而重要的影响，以以色列特拉维夫地区的 IT 创业公司为案例，Schäfer 和 Henn（2018）探讨了“移民”这一外部因素对于创业生态系统的影响，提出了一个以移民迁移为核心的三阶段创业生态系统发展模式：第一阶段，高技术移民回归；第二阶段，普遍的移民回归；第三阶段，向国外创业生态系统迁移和扩张。

马克思的唯物辩证法认为矛盾是事物运动、发展的根本动力。事物的发展是内外因共同起作用的结果，内因是事物发展的根据，决定着事物发展的基本趋向，外因是事物发展的外部条件，对事物的发展起着加速或延缓的作用。按照上述哲学观点分析创业生态系统的演化与发展，本书认为：首先，要厘清决定系统演化和发展的主要矛盾是什么，在此基础上进一步分析矛盾双方主体。其次，梳理出矛盾双方主体间的交互关系。再次，将这种矛盾关系嵌入系统内外环境中进行分析，研究不同系统环境对主要矛盾演化发展的影响。最后，从量变与质变的角度分析矛盾积累的变量向质变转化的"阈值"。如此，才能从动力源、动力机制角度彻底揭示创业生态系统的演化发展机理。当然，从系统论、生态学等角度衍生的模型、理论也非常丰富，它们同样是解释创业生态系统的演化发展的重要工具，值得学者们进行积极的探索。

2.6　创业生态系统评价

　　健康的创业生态系统能积极地发挥服务创业功能，创业生态系统的科学评价是创新创业政策制定的基础和前提，同时能为创业生态系统的治理提供必要参考和借鉴。为科学评价创业生态系统，学者们从不同角度提出了创业生态系统的测量指标，如表 2-2 所示。

表 2-2 创业生态系统的评估指标

作者	研究角度	评价指标体系
Vogel (2013)	个人 组织 社区	个人：工作生活满意度 组织：组织机构绩效 社区：政策指数、市场指数、区位指数、创造就业指数、基础设施指数、公开性指数、支持指数、网络指数、人才指数、资本指数、教育指数、创新指数、新创企业指数
Mason 和 Brown (2014) 经济合作发展组织大会报告	决定因素 直接效应 社会效应	决定因素：金融、市场、研发、经营、人力、政策、设施、文化 直接效应：企业数量、员工数量、财富积累 社会效应：经济增长、就业增加、减少贫困
Stangler 和 Bell‑Masterson (2015)	密度 流动性 连接性 多样性	密度：新创企业、高科技企业密度等 流动性：人口流动、劳动力市场再分配、高增长企业 连接性：项目连接、交易撮合网络 多样性：多元经济专门化、移民
Audretsch 和 Belitski (2017)	城市创业 生态系统	文化和规范，基础设施和便利设施，正式机构，互联网接入和连接
Nicotra 等 (2018)	资本	金融资本：金融市场、风险投资等创业资本 知识资本：研究型大学、创业教育、高素质人力资本 制度资本：政策、规则和标准、支持服务构建 社会资本：社会网络和文化支持
蔡义茹等 (2018)[①]	多样性 自我维持性	多样指标：系统层面、产业层面 自我维持指标：结构性、动态性

创业生态系统的评价：一方面，可以从结果视角构建系统产出指标体系，如系统内新创企业数量、企业绩效等，通过系统产出表征系统功能，如果系统产出较多，则系统越健康；另一方面，以过程（状态）视角构建系统评价体系，如系统内资本、文化、人才、基础设施等要素测量。通过考察系统内要素构成整体状态而表征系统健康程度，如果系统要素构成丰富、全面，则意味着系统健康程度高。两种评价指标体系各有侧重点，所

---

① 该文献中所构建的指标体系包含一级、二级、三级、四级指标，其中包含 53 个不同的四级指标，本书篇幅有限，难以全部列出相关指标。参考蔡义茹，蔡莉，杨亚倩，卢珊. 创业生态系统的特性及评价指标体系——以 2006—2015 年中关村发展为例 [J]. 中国科技论坛，2018（6）：133-142.

得到的评价结论也具有不同的政策价值。但无论何种评价体系，都应该尽可能地明确评价目标侧重点，依次选择可量化、可获取的指标，保证评价结论科学清晰。此外，部分其他评价理论和方法如投入——产出分析、系统产出效率（数据包络分析等）等，供未来的研究中使用。

2.7　创业生态系统治理

创业生态系统涉及的利益主体复杂，地域层级多样，使得创业生态系统的治理难度增大。虽然创业生态系统内的利益相关主体有共同的目标，但不同的利益主体都可能有私人动机和利益诉求。同时，地方政府的创业政策往往只服务于本区域，难以站在更高层次推出可协同的创业政策。凡此种种都增加了创业生态系统的治理难度。

系统内利益相关者（代理人、机构等）的关系网络塑造了创业生态系统，并成为创业生态系统不可复制的核心，要治理创业生态系统，根本在于加强和改善参与者之间的关系网络，因此，学者们主要考虑通过关键利益相关者来治理创业生态系统。相关研究成果如下：

研究合资企业（Research Joint Ventures，RJVs）在创业生态系统的治理中发挥着关键作用。在这一背景下，Audretsch 和 Link（2019）探究了在创业生态系统背景下研究合资企业的治理问题，研究发现，当 RJVs 治理结构给予领导者/组织者和研究主导者的控制能力超出了 RJV 其他成员的活动时，大学几乎不可能被邀请成为研究成员。

大型企业是创业生态系统治理过程中的重要参与者，大型企业不仅可以作为生态系统关键资源的供给者，还可以在创业公司创造的新思想和技术的开发和应用中发挥关键作用。Bhawe 和 Zahra（2019）主要考察当大公司特别是跨国企业进入当地创业生态系统时对系统内异质新创公司的影响，研究结论认为，跨国公司知识溢出效应和吸收能力之间的动态互动可能会促进本地异质性新创公司的产生和持续发展。

Cumming 等（2019）认为，风险资本家等私募股权投资者在管理创业生态系统方面发挥着重要作用，风险投资公司在收购退出之前会取代创始企业家担任首席执行官。为将初创企业引入收购结果，他们专注于两条路线：一方面，与风险资本家等外部融资者通过控制路径一起实现收购；另一方面，可以通过为初创企业提供更多建议和支持来实现，例如孵化器或技术园区提供的建议和支持。

Colombelli 等（2019）提出了一个理论框架，以解决在创业生态系统不同发展阶段适合什么样的治理模式，他们认为，在创业生态系统的诞生阶段，治理模式应该采用分层模式；在过渡阶段，治理模式应该介于分层模式和关系模式之间；在巩固阶段，治理模式应该是关系模式。

Ghio 等（2019）研究了创业生态系统的本地大学（知识），地方金融系统和居民的个人态度（机会主义倾向）之间的相互作用，研究发现，在居民机会主义倾向表现较强的地区，合作银行放大了大学对高科技创业的积极影响；相反，居民机会主义倾向表现较弱的地区，这种影响则可以忽略不计。

教育、研发和创新三大知识领域构成了知识三角生态系统，张炜和魏丽娜（2018）基于知识三角模型提出了创业生态系统治理的启示：积极构建知识三角嵌入机制，实现协同育人、协同科研和协同创新；充分发挥协同治理和自组织治理的主效应机制，促进知识网络的有序运行；采纳开放式创新政策以强化知识溢出，促进多样化创新集群的生成生长。

创业生态系统的形成既包含了市场自主运行作用的成分，也受到政府、大型企业人为规划影响。对创业生态系统的治理应该实现多元主体协同治理，既要考虑市场运行的客观规律，又要适当发挥政府宏观政策的规划、构建、调整、服务和监督职责。创业生态系统是一个复杂的整体，往往一项针对某一群体的治理措施会对其他群体产生附属政策效果，因此，在政策目标确定和规划过程中需要决策者通盘考虑政策效果。就政府而言，可能的治理手段包括经济手段（税收、补贴等）、行政手段（行政法规等）、法律手段（法律规范等）、宣传手段等。

2.8 现有研究评述

综合梳理前人对创业生态系统的研究，本书认为现阶段国内外研究存在以下特点和不足：

（1）现有研究大都集中在传统创业生态系统范畴内，而对于包含了在线创业资源和平台的新型创业生态系统则关注不足。现阶段，学者们对于创业生态系统的研究主要集中在传统创业生态系统领域，如相关学者们往往从空间地理角度界定其范围，从物理实体角度界定其要素构成。在"互联网+"背景下，创业生态系统进一步拓展到了互联网虚拟世界，创业生态系统的范围已经不能简单地用地理距离以及物理实体进行度量和界定，而这些是新型创业生态系统所具有的新特征，但在前人的相关研究中，鲜有学者从互联网角度审视和研究创业生态系统的这种新变化，意味着新型创业生态系统尚未引起学者们的足够关注。本书正是立足于这一研究上的不足和缺陷，提出了对新型创业生态系统的研究。

（2）现有研究着重从静态视角研究系统要素构成，缺乏对连接相关要素的内在机制进行研究。在前文的文献回顾部分可以看出，现阶段的创业生态系统学术研究很大一部分集中在对系统要素构成的研究，这些研究往往只从静态角度机械地列举了系统的要素构成，却缺乏对连接要素的"链带"、支持和推动系统运转的机制进行深入分析。创业生态系统处在一个不断演变发展过程中，我们很难通过一个一维静态剖面图去解构系统，更难以构建动态演化情境下系统内要素的连接方式、驱动机制。因此，对创业生态系统的研究不仅要关注其内在要素构成，更要关注其内在要素间的连接方式和机制。

（3）现有研究从多个角度和要素层面分析了系统运行的生成和演化机理，但对于系统演化发展的核心驱动机制和原动力的认识仍然不足。系统演化过程中受到的影响、作用很多，但并不是所有的驱动力都是核心机制和动力。现有研究虽然从多个角度和要素层面提出了一些驱动机制，但并没有论证所提出的驱动机制就是核心驱动机制。如果仅仅挖掘了系统表层的作用机制，那么对于我们深入认识创业生态系统的借鉴意义很有限。因此，未来对创业生态系统生成及演化机理的研究仍然需要不断挖掘核心驱动机制和原动力。

哲学来源于实践又指导实践，对于事物的认识、科研工作的开展，哲学同样具有指导意义。正如前文所言，要探究创业生态系统演化发展的核心机制和原动力，不妨从哲学角度探寻思路，用矛盾论与辩证法的视角从宏观上分析系统，以哲学理论为指导，深入系统内部寻找驱动创业生态系统演化发展的核心原动力。这是未来创业生态系统理论研究值得尝试的思路和方法。

2.9　本章小结

文献阅读和梳理是任何课题研究工作的基础，本书的文献梳理工作主要集中在第二章。本章梳理了数字创业生态系统，以及创业生态系统要素、运行机制、生成及演化机理以及评价和治理等领域的相关文献。这一工作为本书的后续研究奠定了基础。

第3章 新型创业生态系统的 基本特征

3.1 系统形成与演变

随着数字经济的崛起，一种全新的"新型创业生态系统"开始迅猛发展起来。数字技术是人类发展史上一次重要的技术革命，对人类经济社会发展的多个层面都产生了颠覆性影响。在创业领域，数字技术带来了新的创业机会，深刻影响了创业资源的属性，并最终催生了一个全新的物种——新型创业生态系统。一方面，数字技术的发展带来了全新的创业机会；另一方面，数字技术改变了创业资源的分布位置、获取途径和影响范围。传统的创业资源以地理位置进行定位，而数字创业资源则通过"网络地址"进行定位。相应地，创业者获取创业资源的方式除进入特定的"物理场景"外，还可以通过"网络虚拟空间"获得所需的创业资源和服务。传统情境下，由于线下创业资源有相对固定的地理坐标，其辐射范围和影响力受地理、交通等因素限制，呈现由中心向外递减趋势，而创业者根据其所处地理位置不同，获取创业资源的成本也不同。在互联网情景下，由于创业平台和资源面向全体社会成员开放，即使处于不同地理位置的创业者也可以获得均等的创业资源和服务，这是传统情境下创业资源所不具备的新特性。综上所述，数字技术不仅催生了新的创业机会，更改变了传统创业资源的分布位置、获取方式和影响范围，使得创业资源实现了跨界分布，多元获取途径和全网均等化影响力。

创业资源的跨界融合在现实中已经存在大量的案例。部分典型案例如表 3-1 所示。

表 3-1 创业资源跨界融合典型案例

资源类型	案例主体	生成资源和服务主体	合作资源和服务主体
线上资源和服务主体	阿里巴巴	①阿里巴巴众创空间（线下） ②蚂蚁达客、淘宝众筹（线上） ③阿里巴巴创业孵化平台（线上+线下）	富士康集团（"淘富成真"计划）（线下）
	36氪	①氪空间（线下、联合办公） ②鲸准（线上、投融资信息对接平台）	VClub（投资机构俱乐部）（线上+线下）
	天使汇	①100x加速器活动（线下、创业培训） ②线下闪投路演（线下、投融资对接）	新三板达成合作，为创业公司提供从新三板到创业板转板服务（线下）
线下资源和服务主体	北京海蓝创景投资咨询有限公司	①拓璞基金（线下、投融资服务） ②创业谱平台（线上、创投数据服务） ③创投圈（PE型股权众筹平台）	高瓴资本（线下）
	上海众牛互联网金融信息服务有限公司	①青橘众筹（奖励众筹、线上资本） ②筹道股权（股权众筹、线上资本）	锦天城、德勤、大成、国浩等多家法律、财会、营销服务机构（线下）
	网信集团	①众筹网（奖励众筹、线上资本） ②原始会（股权众筹、线上资本） ③原始人基金（线下、投融资服务）	天津股权交易所（股权转让）（线下） 桃李资本（线下）

新型创业生态系统的基本形成过程如图 3-1 所示。

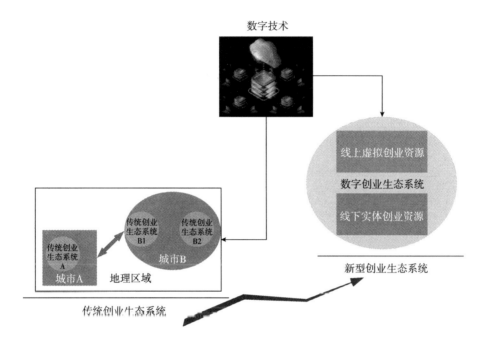

图 3-1　传统创业生态系统向新型创业生态系统演变过程

　　新型创业生态系统以传统创业生态系统为形成基础，借助数字技术，使创业资源的各项属性发生变化。而创业资源分布位置、获取方式和影响范围的改变，必然驱动创业生态系统发生质变。创业者和创业资源是创业生态系统的重要组成部分，创业服务主体和创业者之间的协同、互动构成了创业生态系统。一个已存的事实是：创业资源在互联网推动下，其分布位置、获取方式和影响范围都有了全新的变化，当构成创业生态系统的重要组成部分"创业资源"在互联网背景下发生重大变化时，创业生态系统本身必然受到影响，发生改变，形成不同以往的新特征、新功能。由此，一种与传统创业生态系统完全不同的新型创业生态系统诞生了。

3.2 系统结构与分布

多维空间分布、多层次合作网络关系，造就了新型创业生态系统特殊的形态和结构。新型创业生态系跨越两个空间维度：第一，地理空间维度，这一维度下创业相关主体包括线下的投融资组织和个人、创客空间、创业孵化器、高科技产业园、线下的创业大赛以及财务法务机构等，由于受到地理空间的限制，这些创业相关主体影响范围有限，资源共享性相对较差。第二，网络空间维度，创业相关主体包括技术信息平台、创业信息网站、创业教育平台、融资平台和创意平台等。得益于互联网的开放性和共享性，这些平台的资源往往是全球全网开源共享资源。在这两个维度交互影响下，形成了三层合作网络关系：纯粹的线上合作网络、纯粹的线下合作网络以及线上线下融合的合作网络。

新型创业生态系统基本的组织特点：新型创业生态系统既包含了传统的线下创业资源和机构，同时包含了大量在线创业服务平台和资源，在演化和发展过程中，线上和线下的创业资源和服务机构也产生了合作及融合，形成了更加紧密且高效的内部合作网络。具体结构如图3-2所示。

由于新型创业生态系统分布范围、合作网络的特殊性，将直接导致其系统形态和结构不同于传统创业生态系统。创业者和创业资源是创业生态系统的重要组成部分，创业服务主体和创业者之间的协同、互动构成了创业生态系统。当创业资源的属性（特别是分布位置属性）发生重大变化时，创业生态系统必然会发生新的改变，如系统空间布局和外观特征、系统内

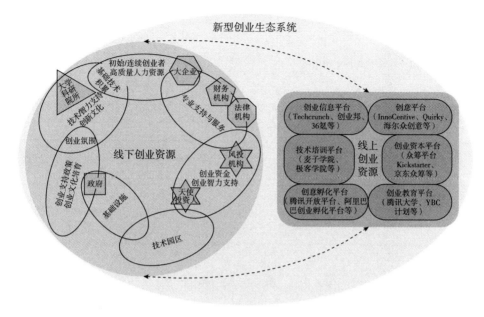

图 3-2 新型创业生态系统组织结构

服务主体的类型、系统内（线上和线下）服务主体间的合作竞争关系网络、系统内创业服务功能形式和种类、创业生态系统的演化发展趋势等都有可能因创业资源属性的改变而发生新的变化。传统创业生态系统和新趋势下创业生态系统在多类别特征下的对比如表 3-2 所示。本书认为，其主要表现在系统的组织结构、系统的服务功能和系统的演化发展趋势三个方面。

表 3-2 两种创业生态系统结构对比

特征对比	传统创业生态系统	新型创业生态系统
分布范围	地理空间维度	地理空间维度、网络空间维度
资源分布特征	中心化分布	去中心化分布
空间界限	有界性	无界性（互联网空间的无界性）
开放性/共享性	单位地理空间内具有开放性和共享性	全网开放性和共享性

续表

特征对比	传统创业生态系统	新型创业生态系统
服务范围	单位地理空间范围	全球、全网影响力
物种类型	创业者、线下创业服务组织	创业者、线下创业服务组织、线上创业服务平台
合作网络	单一线下创业主体间合作网络	线下、线上、线上线下创业主体间三重跨界合作网络
系统服务	获取成本较高、服务分布不均衡	在线获取、更全面、更便捷，一定程度上实现了服务资源获取机会公平

3.3 系统支撑要素

新型创业生态系统由不同的要素和主体共同构成，它们之间能形成复杂的共生、互利关系，在创业利益驱动下，多种要素能形成互利共赢的数字创业生态网络（系统）（见图3-3）。结合新型创业生态系统的基本特征和结构，本书提出了新型创业生态系统的支撑要素及基本体系。

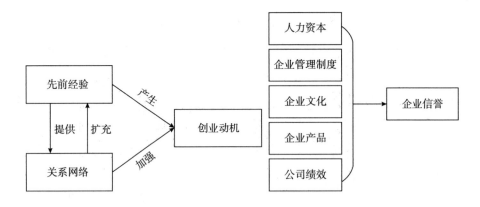

图3-3 创业者、科创企业与其他网络要素间的关系

3.3.1 创业者与科创企业

科技创业企业是整个新型创业生态系统中最核心的要素和种群，也是创业活动最核心的执行者。科技创业企业的生产、运营状况不仅受到新型创业生态系统的直接影响，还会反过来影响系统内其他科创企业和创业服务主体。除系统创业服务支持外，科技创新企业的发展还取决于创业者、创业团队和创业技术三个因素。

一方面，创业者应该具备较强的战略思维、创新能力和领导协调能力。创业者应具备较强的市场洞察能力，才能够从纷繁复杂的市场环境中寻找和挖掘出具有较强市场潜力的创业机会，同时积极整合拼凑创业资源，构建自己的创业团队，将创业机遇转变为商业机会和企业利润，实践创业企业持续发展。

另一方面，创业团队对科技创业企业的生存发展至关重要。创业团队能够帮助创业企业克服创业初期的重重困难，并在企业内部形成合作共赢、直面风险、团结向上、积极进取的企业文化，为企业后续发展提供坚强的组织后盾。同时，高素质的创业团队能合理配置各领域专业人才，充分发挥他们的所长，促进企业创业成功，最终能形成竞争壁垒的创业技术。弱小的新创企业要想在激烈的市场竞争中存活下来，就必须有竞争对手无法模仿和复制的、独一无二的核心竞争力，这种核心竞争力既包括企业知识产权方面的核心技术，又包括企业的持续创新能力。如图 3-4 所示。

3.3.2 创业孵化机构

创业孵化企业即企业孵化器，在我国也被称为高新技术创业服务中心，它通过为新创办的科技型中小企业提供物理空间和基础设施，提供一系列

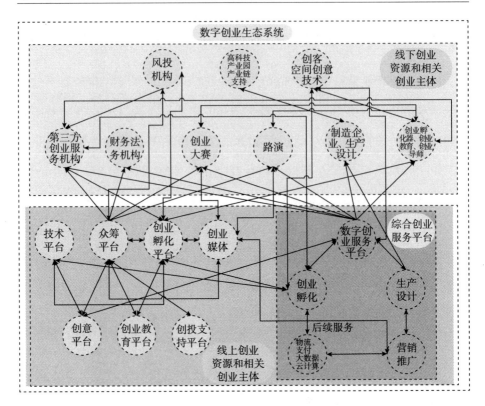

图 3-4 新型数字创业生态系统支撑体系与构成要素

的服务支持，进而降低创业者的创业风险和创业成本，提高创业成功率，

促进科技成果转化，培养成功的企业和企业家。

具体而言，创业孵化器可以为创业企业提供以下创业服务和支持，如

图 3-5 所示。

3.3.2.1 代理服务

包括代办工商注册、税务登记、专利申请、商标注册、报关等服务。

3.3.2.2 中介服务

为创业者牵线搭桥，沟通与大学、研究机构、企业之间的联系，为相

互之间的技术、经济、贸易等合作提供中介。

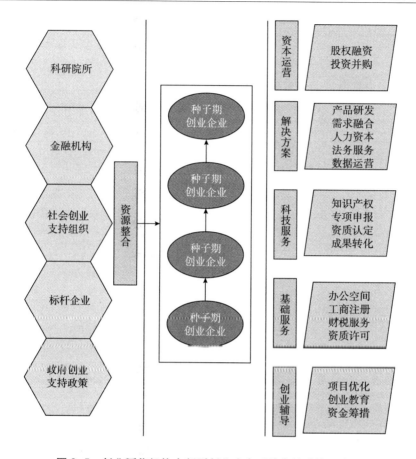

图 3-5 创业孵化机构在新型创业生态系统中的功能和作用

3.3.2.3 咨询服务

为创业者提供法律、政策、财务、会计、知识产权、人力资源、技术贸易、商品贸易等方面的咨询服务，帮助创业者制订创业计划、企业发展计划等。

3.3.2.4 融资服务

为创业者沟通各种融资渠道，有针对性地向商业银行、风险投资机构、信用担保机构、投资公司、大企业和个人推荐孵化项目，促进相互间的合作。创业孵化器通常会为入驻企业提供一定额度的种子资金或风险投资，帮助创业者度过初创期的资金瓶颈，同时也可以帮助创业者进行市场推广和产品研发等工作。

3.3.2.5　提供办公场所和基础设施支持

创业孵化器通常拥有自己的办公楼宇，可以为入驻企业提供办公场所、会议室、洽谈室等基础设施支持，让创业者无须花费大量资金购置设备，可以更专注于业务发展。

3.3.2.6　提供导师指导和技术支持

许多创业孵化器都拥有一支由成功企业家和专业人士组成的导师团队，他们可以为创业者提供指导和支持，帮助他们解决业务发展中的问题和挑战。

3.3.2.7　提供人脉资源和商业合作机会

创业孵化器聚集了来自不同领域的创业者，这能为不同创业者展开交流创造条件，对他们分享经验和信息，互相鼓励，甚至结成业务合作伙伴有积极帮助，这有助于拓展人脉关系和商业合作机会，有助于创业企业拓展业务和增加收益。

3.3.2.8　提供市场营销支持

创业孵化器通常会举办各种活动和培训课程，帮助企业家提高市场营销技能和知识水平，同时也会为企业提供品牌宣传和推广服务，帮助企业在市场上获得更多的曝光率和关注度。

3.3.3　高校与科研机构

高校与科研院所是整个新型创业生态系统的创新策源地。一方面，能培育创新型人才；另一方面，其所进行的创新性科研成果，能为数字科技创新企业发展提供坚实的技术支撑。高校与科研院所在新型创业生态系统中的作用与功能如图 3-6 所示。

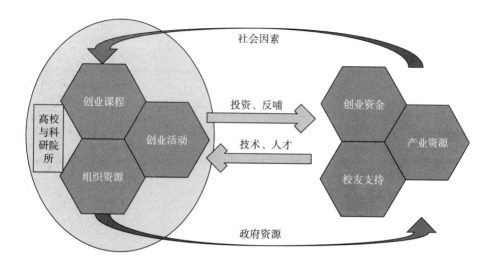

图 3-6 高校与科研院所的创业服务功能

为充分发挥高校与科研院所的创业服务功能，我们应做好以下工作：

3.3.3.1 建立创新创业教育组织架构

成立相应的机构或指定专职负责人员，推进创新创业教育工作，制定并实施创新创业实践活动相关配套管理制度。

3.3.3.2 加强与企业的合作

通过与企业的合作，高校和科研机构可以更好地了解市场需求和最新技术，同时也可以为企业提供技术支持和人才培养。

3.3.3.3 营造创新创业文化氛围

通过举办创新创业大赛、创业论坛等活动，激发学生的创新创业热情，营造良好的创新创业文化氛围。

3.3.3.4 提供创新创业支持

高校和科研机构可以为学生提供创业资金、创业场地、技术指导等支持，帮助学生实现创业梦想。

3.3.4 数字用户与数字基础设施

数字用户指使用数字技术的用户，包括数字化生存方式的用户、虚拟数字人等。例如，数字化转型将以"客户推动、数字优先"的方式应用于企业的所有方面，包括业务模式、客户体验以及流程和运营。数字用户可以通过多种方式促进数字消费，进而形成以"需求"为牵引的数字消费发展。

数字基础设施指以网络通信、大数据、云计算、区块链、人工智能、量子科技、物联网以及工业互联网等数字技术为主要应用的新型基础设施。它是立足当下、面向未来的新型基础建设，为人类未来新的生产生活方式提供平台和保障。数字用户对数字经济发展的作用是非常重要的。数字经济是以数据资源为关键要素，以现代信息网络为主要载体，以信息通信技术融合应用、全要素数字化转型为重要推动力，促进公平与效率更加统一的新经济形态。数字化赋能为解决中国经济发展中的不平衡不充分问题提供了新的思路。

在创业生态系统中，数字用户和数字基础设施发挥的作用如表 3-3 所示。

表 3-3　数字用户和数字基础设施的作用

数字要素	角色
数字用户	需求驱动 市场需求：数字用户的需求和偏好推动了数字产品和服务的开发和创新。创业公司通过分析用户行为和反馈来不断优化和改进产品 早期采用者：数字用户可以作为早期采用者，帮助创业公司测试和验证其产品或服务的市场潜力

续表

数字要素	角色
数字用户	**社区和网络效应** 用户社区：活跃的用户社区可以为创业公司提供有价值的反馈、支持和推广，增强品牌忠诚度 网络效应：用户数量的增加可以提升平台的价值，吸引更多的用户和合作伙伴，形成正向循环
	数据贡献者 数据提供：数字用户在使用产品和服务的过程中生成大量的数据，这些数据对于创业公司来说是宝贵的资源，能够用于优化产品、制定市场策略和提升用户体验 用户反馈：直接反馈和用户生成内容（UGC）可以帮助创业公司更好地理解用户需求和市场趋势
数字基础设施	**技术支持** 计算能力：强大的计算能力和存储资源是数字创业公司开展业务的基础，云计算、数据中心等基础设施提供了高效和灵活的技术支持 网络连接：高速、稳定的网络连接确保了数字产品和服务的实时性和可靠性，尤其是对于需要大量数据传输的应用场景
	平台服务 开发工具和平台：开发者平台、API、SDK 等工具降低了创业公司的技术门槛，使其能够快速开发和部署数字产品 支付和交易系统：可靠的在线支付和交易系统支持数字创业公司的商业模式，确保交易的安全性和便利性
	网络效应与全球连接 网络效应：强大的数字基础设施可以帮助创业公司实现网络效应，促进用户和服务的快速扩张和交互，增强市场竞争力 全球连接：数字基础设施支持全球连接，使创业公司能够在全球范围内拓展市场，与全球的用户和合作伙伴进行交流和协作

3.3.5　科技中介

科技中介指为科技创新活动提供专业服务的机构或组织。这些机构通过整合各种创新资源，协调不同创新主体之间的关系，为科技成果的产业化和市场化提供支持。科技中介的存在，填补了科研机构、企业和市场之间的空白，使得科技创新活动更加高效、可持续。科技中介的类型及作用如图 3-7 所示。

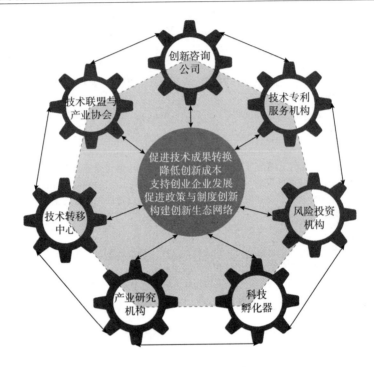

图 3-7 科技中介的类型及作用

科技中介包括以下七类机构：

（1）技术转移中心，促进科研成果转化为商业产品，帮助科研机构和企业对接市场需求。

（2）科技孵化器，为初创企业提供基础设施、资金、管理和技术支持，加速企业成长。

（3）产业研究机构，提供市场分析、技术评估和战略咨询，帮助企业制定创新战略。

（4）风险投资机构，为高风险、高潜力的创新项目提供资金支持和管理咨询。

（5）专利事务所与法律顾问，提供知识产权保护和法律支持，帮助企业维护技术优势。

（6）创新咨询公司，提供管理咨询和技术评估，帮助企业提升创新能力。

（7）技术联盟与产业协会，促进企业之间的合作与资源共享，推动行业整体创新。

科技中介在创业生态系统中具有多重作用和重要角色，具体体现在以下几个方面：

（1）促进技术转移与成果转化。①科技中介可以连接创新主体与市场。科技中介通过协调高校、科研机构和企业之间的关系，促进科技成果向市场转化。这些机构通常负责评估技术的市场潜力，寻找合适的商业化路径，并为技术转移提供支持。②科技中介可以显著提升技术应用效率。通过提供技术评估和咨询服务，科技中介帮助企业识别和引进适用的技术，提升技术应用效率。

（2）降低创新成本与化解创新风险。①专业的创新服务与支持，科技中介提供如知识产权管理、技术评估、市场分析等专业服务，帮助企业降低创新活动的成本。②风险管理与投资咨询，科技中介通过风险评估和投资咨询，帮助企业识别潜在风险，制定风险管理策略。

（3）支持创业企业成长与发展。①提供创业孵化与加速服务，科技中介通过孵化器和加速器为创业企业提供全方位支持，包括资金、管理、技术和市场推广等。②人才培养与资源共享，通过培训和合作，科技中介帮助企业提升员工技能，促进资源共享和知识交流。

（4）促进政策实施与制度创新。①政策解读与实施支持，科技中介帮助企业理解和利用政府的创新政策，协助企业申报项目和申请政策优惠。②推动制度创新与改革，通过研究和建议，科技中介为政府提供决策支持，推动创新政策和制度的优化。

（5）构建创新网络与生态系统。①搭建合作平台与网络，科技中介通过举办各类交流活动和建立合作网络，促进创新主体之间的合作与互动。②增强生态系统的动态性与活力，通过推动技术扩散和创新资源的流动，科技中介增强了创业生态系统的动态性和活力。

科技中介在创业生态系统中扮演着多重角色，为创新主体提供全面支持，促进技术转移和成果转化，降低创新风险，推动政策实施和制度创新。通过资源整合、知识传播和创新推动，科技中介增强了创业生态系统的活力和竞争力，为区域和行业的创新发展做出了重要贡献。随着科技和市场的不断变化，科技中介的作用和影响力持续扩大，成为创业生态系统中的关键要素。

3.3.6 创业投资机构

创业投资机构指通过向不成熟的创业企业提供股权资本，并为其提供管理和经营服务，期望在企业发展到相对成熟后，通过收取高额中长期收益的投资行为。对于创业者来说，创业投资机构可以提供更多的资金支持和资源整合，帮助创业者更好地实现自己的创业梦想。同时，创业投资机构也会对创业者进行指导和培训，提高创业者的管理能力和技术能力。其功能具体体现在以下方面：

3.3.6.1 创业投资

创业投资机构可以为有潜力的创业项目提供资金支持，帮助创业者实现商业价值最大化。

3.3.6.2 创业规划

创业服务机构可以帮助创业者进行创业规划，包括市场调查、产品定位、营销策略、财务规划等方面的指导。

3.3.6.3 投融资服务

为创业者提供各种投融资服务，不但能为创业者寻找到投资人，而且能够提供从投资准备到实施的全方位综合服务。

3.3.6.4 财务管理和咨询服务

帮助创业者进行财务管理，包括对财务的分析、预测、报表制作等咨询服务，以有效管理企业财务状况。

3.3.6.5 专业技术咨询服务

提供专业技术咨询服务，包括技术研究、技术论证、技术开发、技术战略及产品开发等服务。

3.3.6.6 创业孵化服务

为初创企业提供孵化服务，例如提供办公场地、基础设施、法律服务等，帮助初创企业在创业初期快速成长，提高其市场竞争力和生存能力。

总之，创业投资机构提供的创业服务功能旨在支持创业者实现商业价值，帮助他们在创业过程中获得成功。

3.4 系统功能

新型创业生态系统的功能涵盖多个方面，这些功能共同作用，推动了创业活动的开展和创新的发展。创业生态系统中常见的主要功能及其产生方式如表 3-4 所示。

表3-4　新型创业生态系统系统功能分析汇总

系统功能	功能描述	功能产生方式
资源提供功能	提供必要的资源来支持创业公司和创业活动。这些资源包括资金、技术、人才、设施和信息等	投资和融资：风险投资公司、天使投资人、银行和政府资助机构提供资金支持，帮助创业公司进行研发和市场扩展。投资者通过投资获取股权，创业公司获得资金进行业务发展 技术和设施：创业孵化器、加速器和技术转移办公室提供实验室、办公空间和技术支持，帮助初创企业降低启动成本和技术门槛。例如，硅谷的孵化器提供了办公空间和技术资源，支持了众多初创企业的成长 人才供应：大学和培训机构通过提供专业知识和技能培训，培养适合创业的高素质人才。创业公司可以通过招聘或合作获取所需的人才和技术支持
市场机会识别功能	创业生态系统通过各种渠道和机制，帮助创业公司识别和把握市场机会。这包括市场调研、趋势分析和机会识别等	市场调研和数据分析：创业公司通过市场调研机构和数据分析平台获得市场信息和趋势预测，从而识别潜在的市场机会。例如，创业公司可以利用市场调研报告和数据分析工具了解消费者需求和竞争态势 行业网络和交流：创业生态系统中的行业协会、创业社区和网络平台提供了交流和合作的机会，使创业者能够了解行业动态、分享经验和建立联系。这些交流平台帮助创业者识别新的市场机会和业务发展方向 创新活动和竞赛：创新活动、创业竞赛和展示会为创业者提供了展示产品和理念的机会，同时也能吸引市场关注和潜在客户。通过这些活动，创业者可以识别市场需求和机会
知识转移和技术转化功能	创业生态系统中的参与者通过合作和交流，将研究成果和技术转化为实际应用，推动技术创新和商业化	产学研合作：大学、研究机构和企业之间的合作促进了技术的转移和应用。研究机构通过技术转移办公室将研究成果商业化，企业则利用这些技术进行产品开发。例如，剑桥大学通过技术转移办公室将研究成果转化为市场应用，推动了当地的科技创新 孵化器和加速器：创业孵化器和加速器提供技术支持和商业化服务，帮助初创企业将技术和创新成果转化为实际产品和服务。这些机构通过提供资源、指导和市场接入，促进了技术的转化 专利和知识产权：知识产权保护和专利申请机制帮助创业公司保护其创新成果，并通过授权或许可实现技术的商业化。知识产权机构和法律顾问提供相关服务，支持技术的转化和应用

续表

系统功能	功能描述	功能产生方式
创业支持和培训功能	创业生态系统通过各种培训和支持措施,帮助创业者提升技能、完善商业计划和提高成功率	创业培训和教育:大学、创业学院和培训机构提供创业课程、工作坊和培训项目,帮助创业者提升创业能力和管理技能。例如,哈佛商学院和斯坦福大学提供创业课程和训练,培养创业者的商业能力 辅导和咨询服务:导师和顾问提供一对一的辅导和咨询服务,帮助创业者解决实际问题、制定商业战略和优化运营。这些服务通常由创业孵化器、加速器和行业专家提供 创业网络和社区支持:创业生态系统中的网络平台和社区提供了交流和合作的机会,使创业者能够获得同行的支持和经验分享。这些社区支持促进了创业者之间的互动和合作
政策和制度支持功能	政府和政策制定者通过制定和实施有利于创业的政策和法规,提供支持和保障,促进创业活动的发展	政府资助和补贴:政府通过提供创业补贴、税收优惠和资助计划,支持初创企业的成长和发展。例如,欧盟的 Horizon 2020 计划为创业公司提供了研发资金支持 创业政策和法规:政府制定创业友好的政策和法规,简化行政程序,减少创业障碍。例如,新加坡政府通过简化公司注册流程和提供创业奖励,促进了创业活动的增加 公共服务和基础设施:政府提供公共服务和基础设施,如交通、通信和公共安全,以支持创业企业的运营和发展。这些基础设施和服务为创业公司提供了良好的运营环境
网络和合作功能	创业生态系统中的参与者通过建立联系和合作,形成一个支持和促进创业的网络。这种网络有助于信息传播、资源共享和合作机会的发现	行业协会和专业组织:行业协会和专业组织通过组织活动、提供资源和建立网络,促进参与者之间的合作和信息共享。例如,国际创业协会通过举办会议和提供资源,支持全球创业者的合作 创业社区和平台:创业社区和在线平台为创业者提供了交流和合作的空间,使他们能够建立联系、分享经验和寻找合作机会。例如,LinkedIn 和创业论坛为创业者提供了一个建立网络和获取信息的渠道 合作项目和联盟:创业生态系统中的企业、研究机构和政府可以通过合作项目和联盟共同开展创新活动和商业合作。这种合作有助于资源整合和共同开发新产品或技术

续表

系统功能	功能描述	功能产生方式
创新和功能涌现功能	创业生态系统中的参与者通过互动和合作，产生新的创新成果和功能。这些创新成果和功能能够推动行业的发展和经济增长	开放创新和跨界合作：企业和研究机构通过开放创新和跨界合作，结合不同领域的知识和技术，创造新的创新成果。例如，IBM通过开放创新平台与外部合作伙伴联合开发新技术 创业生态系统的集聚效应：在特定地区，创业公司和创新企业的集聚能够形成产业集群，产生新的功能和创新。这种集聚效应有助于形成创新生态系统，推动技术和商业模式的创新 用户参与和反馈：用户的参与和反馈能够促进产品和服务的创新。创业公司通过用户的反馈不断改进和优化产品，产生新的功能和市场机会

3.5　系统运行机制

创业生态系统的运行机制可以理解为各主体之间的互动和协同作用，通过这些互动机制，资源、信息、知识和机会在生态系统内高效流动，最终促进创业活动的成功和创新能力的提升。具体而言，这些运行机制如图3-8所示。

3.5.1　资源配置机制

资源是创业生态系统运行的基础，包括人力资源、财务资源、技术资源、市场资源等。在创业生态系统中，资源配置机制主要体现在以下几个方面：

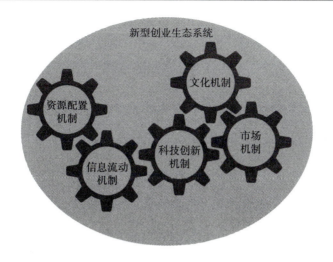

图 3-8　新型创业生态系统的运行机制

3.5.1.1　资本配置

投资者通过资本市场或直接投资，将资金投入到潜力巨人的初创企业中。风险资本、天使投资等形式在硅谷尤为发达，通过多轮次的融资，帮助初创企业度过不同的发展阶段。

3.5.1.2　人才流动

高素质人才是创新创业的关键。创业生态系统通过高校、企业、科研机构之间的人才流动，确保创业企业能够获得所需的专业知识和技能。例如，中关村吸引了大量的高端技术人才，为区域内的企业提供了强大的人才支撑。

3.5.1.3　技术转移

技术从科研机构向企业的转移，是推动创新的重要途径。学术机构通过专利许可、技术合作等形式，将新技术应用到实际的商业项目中，促进技术的市场化。

3.5.2 信息流动机制

信息流动在创业生态系统中起着至关重要的作用。信息的有效传播可以缩短创新周期，提升创业效率。信息流动机制主要包括以下方面：

3.5.2.1 知识共享

通过行业协会、学术会议、创业论坛等平台，创业者和其他利益相关者可以交流最新的市场趋势、技术动态以及行业知识。这种知识共享有助于创业者快速捕捉市场机会，并做出正确的决策。

3.5.2.2 市场反馈

客户和市场的反馈信息对于初创企业至关重要。通过市场调研、用户反馈等方式，创业企业可以及时了解市场需求变化，并调整产品策略和商业模式，提升市场竞争力。

3.5.2.3 网络效应

创业生态系统中的各个主体通过社交网络、专业网络、产业联盟等形式建立联系，形成广泛的网络效应。这种网络效应可以加速信息的传播，促进资源的高效配置，提升整个生态系统的创新效率。

3.5.3 科技创新机制

科技创新是创业生态系统的核心驱动力。创新机制体现在知识创造、技术研发、商业模式创新等层面。

3.5.3.1 知识创造与技术研发

学术机构和企业通过基础研究和应用研究推动技术进步。中关村和硅谷拥有大量顶尖的高校和科研机构，成为技术创新的源泉。企业通过内部研发和外部合作，不断推出新产品和新服务。

3.5.3.2 开放式创新

创业生态系统鼓励开放式创新,通过跨界合作和知识共享,打破传统创新的边界。例如,深圳的制造企业与全球各地的技术公司合作,通过开放式创新推动产品快速迭代和升级。

3.5.3.3 商业模式创新

创业企业不仅在技术上进行创新,还在商业模式上不断探索新的可能。硅谷企业例如 Uber、Airbnb 等,凭借创新的商业模式,迅速颠覆了传统行业。

3.5.4 市场机制

市场机制是创业生态系统运行的外部环境,它决定了创业企业的生存和发展。市场机制主要包括以下几方面:

3.5.4.1 市场需求

市场需求的变化是创业企业发展的导向。创业者通过市场调研和用户分析,了解市场的痛点和需求,进而开发具有市场潜力的产品和服务。

3.5.4.2 竞争机制

市场竞争迫使企业不断创新,以保持竞争优势。在一个健康的创业生态系统中,竞争不仅存在于企业之间,还体现在创新资源的获取和人才争夺上。这种竞争机制驱动着企业不断提升产品质量和服务水平。

3.5.4.3 市场准入

市场准入壁垒的高低影响着创业企业的进入和发展。在一个良好的创业生态系统中,市场准入相对较低,政府通过简化行政程序、降低准入门槛,鼓励更多的企业参与市场竞争。

3.5.5　文化机制

文化机制是创业生态系统的软性支持，反映了区域内创业文化和创新精神的普及程度。

3.5.5.1　创业文化

创业文化鼓励冒险和创新，容忍失败，为创业者提供精神上的支持。例如，硅谷以其"敢于冒险"的文化著称，这种文化氛围鼓励创业者不断尝试和探索，即使失败也能从中学习经验。

3.5.5.2　社会认同

社会对创业的认同和支持程度直接影响创业活动的开展。在深圳和北京中关村，创业不仅是一种职业选择，更是一种受到尊重和推崇的社会行为。政府、媒体和公众都积极宣传创业成功案例，树立榜样，引导更多人投身于创业。

3.5.5.3　合作精神

创业生态系统中，各主体间的合作精神至关重要。通过合作，企业能够共享资源，降低成本，提升创新效率。硅谷的创业者常常通过"合作竞赛"的方式，既保持竞争，又进行深度合作，共同推动技术进步。

3.6　本章小结

本章主要探讨了新型创业生态系统与传统创业生态系统的异同之处。首先，分析了传统创业生态系统的基本形态；其次，结合大量案例，分析和构建了新型创业生态系统的结构；最后，对比了两种不同创业生态系统在分布范围、资源分布特征、空间界限、开放性、共享性、服务范围、物种类型、合作网络、系统服务等方面的异同之处。本章是本书研究的第一个核心内容，为后续研究新型创业生态系统的发展演化机理奠定了基础。

第4章 新型创业生态系统的生成机理

新型创业生态系统的生成机理是一个复杂且多维的过程，涉及社会、经济、文化、技术、政策等多方面的因素。随着全球化和数字化的不断深入，各区域的创业生态系统表现出显著的差异性，使得研究其生成机理变得尤为重要。理解新型创业生态系统的生成机理不仅有助于揭示创业活动的内在动力与外部驱动因素，还能够为政策制定者提供科学依据，进而促进区域创新和经济发展。

研究新型创业生态系统的生成机理，需要从生态系统各要素的相互作用和动态演化入手，深入探讨创业者、政府、市场、社会网络等在其中所扮演的角色及相互关系。此外，应考虑到区域独特的历史文化背景、资源禀赋以及政策环境如何影响创业生态系统的形成与发展。

本章旨在通过案例研究，揭示新型创业生态系统的生成机理。通过理论分析与实证研究相结合，本书将探讨不同新型创业生态系统生成的共性与特性，为区域创新发展提供理论支持和实践指导。

4.1 案例选择

本书选择深圳、北京中关村以及美国硅谷作为研究案例。深圳被誉为"中国的硅谷",是改革开放的前沿城市,也是中国经济特区的成功典范。深圳以其卓越的创新能力和包容性的创业环境,吸引了大量高科技企业和初创公司入驻,形成了独特的创业生态系统。深圳的创业生态以高科技制造、信息技术、互联网和金融科技为核心,涌现出一批具有全球竞争力的企业,如华为、腾讯、大疆等。深圳市政府通过实施一系列创新政策和措施,支持科技研发和创新创业,提供了良好的基础设施和公共服务,形成了开放、多元、创新的创业文化。这使深圳成为研究新型创业生态系统的典型案例之一。

北京中关村作为中国首个国家级高新技术产业开发区,是中国科技创新和创业活动的核心区域。中关村拥有丰富的创新资源和雄厚的科技实力,是中国科技企业和创业者的集聚地。中关村的创业生态系统以信息技术、生物医药、人工智能等高科技领域为主,依托大量的科研机构和高校资源,如北京大学、清华大学等,形成了浓厚的创新氛围和强大的技术支持。中关村还享有一系列国家级政策支持,如科技创新政策、投融资支持和国际化发展战略,吸引了大量高层次人才和创新企业入驻。

美国硅谷作为全球最具代表性的创业生态系统,长期以来被视为创新与创业的典范。选择硅谷作为研究新型创业生态系统的案例具有多重意义。首先,硅谷拥有世界领先的高科技产业集群和丰富的风险投资资源,使其在创业活动中具备强大的资金和技术支持。其次,硅谷汇聚了全球顶尖的创新人才和高水平的科研机构,如斯坦福大学和加州大学伯克利分校,它们在推动创新和技术转化中发挥了关键作用。最后,硅谷还形成了独特的创业文化,鼓励风险和失败,为持续创新提供了良好的环境。通过研究硅谷的成功经验,可以深入分析新型创业生态系统的构建要素、运作机制以及关键驱动因素。硅谷作为一个成熟且高度活跃的创业生态系统,能够为其他区域的创业发展提供宝贵的借鉴和参考。因此,硅谷是研究新型创业生态系统生成机理的理想案例。

这三个地区不仅在科技创新和创业活动方面取得了显著成就,还在区域经济发展和创新政策实施方面具有示范效应。深圳、北京中关村以及美国硅谷的创业生态系统展示了不同模式的区域创新发展路径,分别代表了中国南方、北方以及国外科技创新高地。因此,选择这三个案例进行研究,不仅具有典型性,还能够深入理解新型创业生态系统的形成机制、发展特征及其在经济转型升级中的作用,为相关政策制定和区域发展提供有益的借鉴。

4.2　案例描述

4.2.1　深圳创业生态系统

深圳,曾是我国南方的一个小渔村,在经历40多年发展后,目前深圳已经成为全球瞩目的创新创业之都,其创业生态系统的崛起堪称奇迹。深圳不仅孕育了华为、腾讯、比亚迪、大疆、顺丰等世界知名企业,还吸引了无数初创企业和创业者前来追梦。

深圳的创业环境从无到有、从小到大,经历了一个不断演变和升级的过程。作为中国改革开放的先锋城市,深圳凭借其独特的地理位置、政策优势和创新文化,吸引了大量的创业者和投资者,形成了丰富多元的创业生态系统。本书将深圳创业生态系统发展划分为五个阶段,如表 4-1 所示。

表 4-1　深圳新型创业生态系统发展过程

发展过程	创业要素变化
第一阶段:改革开放初期(1979 年至 20 世纪 90 年代初)	政策驱动与经济特区的设立 (1)政策背景 经济特区的设立:1978 年,党的十一届三中全会决定实行改革开放政策。1980 年,深圳被设立为中国第一个经济特区。作为试验田,深圳享有特殊的经济政策和管理权限,包括土地使用权改革、外资引进、税收优惠等 外资引进与合资合作:深圳经济特区鼓励外资进入,通过简化审批流程、提供税收优惠和其他激励措施,吸引了大量外资企业在此设立合资企业和独资企业。这一时期,香港的资金、技术和管理经验对深圳的发展起到了重要作用 (2)基础设施建设 交通与通信:深圳投入大量资金建设交通和通信基础设施。20 世纪 80 年代,深圳修建了连接香港的罗湖桥,开通了到广州的铁路线路,建立了全市首个自动化电话交换系统,为经济发展提供了必要的支持 工业区的建立:为了吸引外资和技术,深圳建立了多个工业区,如蛇口工业区和福田保税区。这些工业区为企业提供了基础设施和政策支持,成为深圳早期经济增长的重要引擎 (3)创业文化 务实与开放:早期的深圳创业文化以务实和开放为主。由于政策环境相对宽松,创业者可以尝试新的商业模式和管理方式。与内地其他城市相比,深圳的企业更具市场导向,更容易接受新思想和新技术 个体经济的发展:在政策的鼓励下,个体经济和私营企业迅速发展。许多从农村进城的务工人员开始经营小型商店和服务业,形成了深圳早期的创业浪潮

续表

发展过程	创业要素变化
第二阶段：技术产业化与转型升级（20世纪90年代中期至21世纪初）	高新技术产业的发展 （1）政策支持 高新技术产业政策：20世纪90年代中期，深圳市政府推出了一系列政策，支持高新技术产业的发展。这些政策包括科研补贴、税收减免、人才奖励等，旨在推动产业转型升级 知识产权保护：深圳加强了对知识产权的保护，鼓励企业进行技术创新。这一时期，知识产权保护政策的逐步完善为高新技术企业提供了有力保障 （2）产业结构调整 从劳动密集型到技术密集型：深圳逐步从以劳动密集型制造业为主的经济结构，向技术密集型产业转型。电子信息、生物医药、新材料等高新技术产业开始崭露头角 华为和中兴的崛起：华为和中兴通讯等企业的崛起，标志着深圳在电子信息产业方面的成功转型。通过不断的技术研发和市场扩展，这些企业成为全球知名的科技公司 （3）创业投资机构 风险投资的兴起：随着技术产业化的推进，风险投资在深圳逐渐兴起。深圳风险投资公司和深圳创新投资集团等投资机构在这一时期成立，积极投资高新技术企业，为初创企业提供了重要的资金支持 创投基金的设立：政府和社会资本共同设立创投基金，支持科技创新和创业活动。这些基金为初创企业提供早期资金，帮助其度过发展的关键期 （4）创业文化 技术导向与创新驱动：深圳的创业文化逐渐向技术导向和创新驱动转变。企业注重技术研发和创新，许多创业者积极投身于高新技术领域，推动产业升级 创新环境的形成：深圳建立了多个科技园区，如深圳高新技术产业园区和软件园，为科技企业提供了良好的创新环境和资源支持。这些园区成为高新技术企业孵化和发展的重要基地
第三阶段：技术产业化与转型升级（21世纪初至21世纪10年代）	风险投资与创新创业的兴起 （1）政策支持 创新创业政策：深圳市政府推出了一系列政策，支持创新创业，包括创业补贴、税收优惠、办公场地支持等。这些政策为创业者提供了多方面的支持，激发了创新创业的热情 "千人计划"与"孔雀计划"：为了吸引高端人才，深圳推出"孔雀计划"，为海外高层次人才提供资金支持、住房补贴、创业启动资金等，吸引了大量国际科技人才落户深圳 （2）创业投资机构 创投生态系统的完善：深圳逐渐形成了完整的创业投资生态系统，包括天使投资、风险投资、私募股权等多层次的投资机构。这些投资机构不仅提供资金支持，还提供管理咨询、市场拓展等增值服务 深圳资本市场的兴起：2004年，深圳证券交易所推出中小企业板，为创业企业提供了新的融资渠道。2009年，创业板的设立进一步支持了科技创新企业的上市融资，推动了深圳创业生态系统的完善

续表

发展过程	创业要素变化
第三阶段：技术产业化与转型升级(21世纪初至21世纪10年代)	(3) 创业文化 包容失败与鼓励创新：深圳形成了包容失败、鼓励创新的创业文化。创业者在面对失败时能够得到社会的理解和支持，激励了更多人投身于创新创业的事业 开放与合作：深圳的创业文化强调开放与合作，不同企业和创业者之间积极进行合作和资源共享，共同推动产业的发展 (4) 创业孵化器与加速器 孵化器的兴起：这一时期，深圳的创业孵化器数量迅速增加，如深圳湾创业广场、深圳创客空间等。这些孵化器为初创企业提供办公空间、技术支持、市场推广等服务，帮助其快速成长 加速器的建立：除了孵化器，加速器也在深圳兴起。加速器通过短期密集的培训和指导，帮助初创企业加速产品开发和市场推广
第四阶段：国际科技创新中心的崛起(21世纪10年代中期至今)	全球化与科技创新的引领 (1) 政策支持 "双创"政策的推动：2015年，国家提出"大众创业、万众创新"战略，深圳市政府积极响应，推出了一系列支持双创的政策和措施。这些政策包括创新创业大赛、创投基金支持、创业孵化基地建设等，为创业者提供了良好的政策环境 粤港澳大湾区发展规划：深圳作为粤港澳大湾区的重要城市，享有区域协调发展的政策优势。大湾区的发展为深圳带来了更多的创新资源和市场机遇 (2) 产业发展 多元化产业布局：深圳在电子信息产业的基础上，积极发展人工智能、物联网、金融科技、新能源等新兴产业，形成了多元化的产业格局 科技巨头的崛起：腾讯、大疆创新、比亚迪等企业在全球市场的崛起，标志着深圳在科技创新领域的领先地位。这些企业不仅在技术上取得了突破，还在全球市场上占据了一席之地 (3) 创业投资机构 国际化投资环境：深圳的创业投资机构逐渐国际化，吸引了大量国外资本进入。国际知名的投资机构，如红杉资本、IDG资本等，纷纷在深圳设立办公室，参与当地的创新创业投资 政府引导基金：深圳市政府设立多支引导基金，支持战略性新兴产业和高新技术企业的发展。这些基金不仅为企业提供资金支持，还引导社会资本投向关键领域 (4) 创业文化 全球视野与本土创新：深圳的创业文化逐渐具有全球视野，创业者不仅关注本地市场，还积极参与全球竞争。同时，深圳鼓励本土创新，注重技术和产品的本土化研发 人才聚集与多元文化：深圳吸引了来自全球的人才，形成了多元文化的创业环境。不同背景的创业者在此碰撞出新的火花，为创新创业注入新的活力

续表

发展过程	创业要素变化
第四阶段：国际科技创新中心的崛起(21世纪10年代中期至今)	（5）科技园区与创新平台 科技园区的发展：深圳持续推动科技园区和创新平台的建设，如南山区的南山科技园、前海深港现代服务业合作区等。这些园区为创业者提供优质的发展平台和资源支持 创新平台的建立：深圳建立了多个创新平台，如深圳国家基因库、深圳人工智能与机器人研究院等，为科技企业提供研发支持和合作机会
第五阶段：国际科技创新中心的崛起(21世纪10年代中期至今)	可持续发展与智慧城市建设 （1）政策支持 绿色经济与可持续发展政策：深圳市政府积极推动绿色经济和可持续发展，出台了一系列政策支持环保产业和绿色技术的发展。例如，支持新能源产业发展、推广绿色建筑、鼓励节能减排技术应用等 智慧城市建设政策：深圳市政府致力于建设智慧城市，通过大数据、物联网、人工智能等技术提升城市管理和公共服务水平。例如，推动智能交通系统建设、智慧医疗、智慧教育等领域的发展 （2）产业发展 绿色技术与环保产业：深圳积极发展绿色技术和环保产业，推动可再生能源、清洁生产、环境监测等领域的技术创新和应用。这些产业的发展为深圳的可持续发展提供了新的增长点 智能制造与数字经济：深圳加快推进智能制造和数字经济的发展，推动传统制造业向智能化、数字化转型。例如，支持工业互联网、智能机器人、无人机等领域的技术研发和产业化 （3）创业投资机构 绿色投资与社会责任投资：深圳的创业投资机构逐渐关注绿色投资和社会责任投资，支持环保产业和可持续发展领域的创业企业。这些投资机构通过资金支持和专业指导，帮助绿色技术企业成长 国际合作与跨境投资：深圳的投资机构积极开展国际合作和跨境投资，参与全球创新创业网络。通过与国际投资机构的合作，深圳的创业企业能够获得更多的国际资源和市场机会 （4）创业文化 创新驱动与可持续发展：深圳的创业文化逐渐将创新驱动与可持续发展结合起来，强调企业在追求商业成功的同时，也要关注社会和环境的责任。越来越多的创业者在创业过程中融入了可持续发展的理念 开放与合作的国际化视野：深圳的创业文化继续保持开放与合作的特点，积极参与国际创新合作。通过与全球创新网络的互动，深圳的创业者能够获取最新的技术和市场信息，提升竞争力 （5）未来发展方向 进一步深化改革开放：深圳将继续深化改革，扩大对外开放，优化营商环境，吸引更多国际创新资源和人才 推动智慧城市建设：深圳将加快智慧城市建设，提升城市管理效率和居民生活质量，成为全球领先的智慧城市 加强国际创新合作：深圳将加强与国际创新网络的合作，提升科技创新水平和国际影响力，成为全球创新创业的标杆城市

总体而言，深圳的创业环境从改革开放初期的经济特区建设，到如今的国际科技创新中心，经历了多个重要的发展阶段。在政府政策的支持、科技创新的推动以及多元化产业的推动下，深圳形成了充满活力的创业生态系统。未来，深圳将继续引领创新潮流，致力于成为全球创新创业的标杆城市。通过不断优化创业环境，支持可持续发展，深圳将继续为全球创业者提供广阔的机遇和发展平台。

4.2.2　中关村创业生态系统

　　北京中关村作为中国的"硅谷"，以其独特的地理位置和政策优势，成为全国乃至全球知名的创新创业高地。中关村的创业环境经历了从政策试点到科技创新中心的转变，逐步形成了成熟的创业生态系统。中关村创业生态系统的基本发展历程如表 4-2 所示。

表 4-2　中关村新型创业生态系统发展历程

发展历程	创业要素变化
第一阶段：初创期（20 世纪 80 年代）	政策驱动与科技企业的萌芽 （1）政策背景 中关村电子一条街：20 世纪 80 年代初，随着改革开放的深入，中关村被逐步发展为"电子一条街"。1980 年，北京市科委批准成立北京科技园区实验区，标志着中关村创业的开端。1988 年，中关村被正式认定为"中国第一个高新技术开发区" 政策支持：国家在此阶段出台了一系列支持科技企业的政策，如简化审批流程、减免税收等，为科技企业在中关村的兴起提供了政策支持 （2）科技企业的萌芽 早期创业公司：以联想（原"联想计算机公司"）为代表的科技公司在此期间成立，推动了中关村成为高科技产业的发源地。这些公司最初多从事计算机、电子设备的研发和销售 高校与科研机构的支持：依托北京大学、清华大学等高校及中国科学院等科研机构的资源，众多科研人员和大学毕业生投身于创业，为中关村积累了丰富的科技人才储备 （3）创业文化 探索与试验：初创期的中关村充满了探索与试验精神，创业者们在政策鼓励下，积极尝试新的技术和商业模式，形成了勇于创新、敢于冒险的创业文化

续表

发展历程	创业要素变化
第二阶段：成长阶段(20世纪90年代)	科技园区建设与企业发展 (1) 政策支持 高新技术产业政策：1990年，国家科委出台《国家高新技术产业开发区暂行管理办法》，中关村被纳入国家级高新技术产业开发区。这一政策使中关村获得更多政策支持，吸引大量科技企业和人才 产业政策与优惠措施：北京市政府针对高新技术企业出台了一系列优惠政策，如税收减免、融资支持等，鼓励企业加大研发投入，提高创新能力 (2) 科技园区建设 中关村科技园的建立：1998年，中关村科技园区正式成立，成为全国首批高新技术产业开发区之一。科技园区为企业提供优质的办公场所和配套服务，吸引了大批高科技企业入驻 企业孵化器的建立：在政府支持下，中关村开始建立企业孵化器，为初创企业提供资金、技术、市场等多方面的支持，帮助其快速成长 (3) 企业发展 高科技企业崛起：这一时期，联想、方正、四通等一批高科技企业快速崛起，逐渐成为行业领军者。这些企业的成功案例，激励了更多创业者加入中关村的创业大潮 多元化发展：中关村的企业开始向信息技术、生物医药、新材料等多个领域发展，形成了多元化的产业格局 (4) 创业文化 创新与合作：中关村的创业文化强调创新与合作，企业间积极开展技术合作与资源共享，推动整体科技水平的提升 学术与产业的结合：中关村依托高校和科研院所，形成了学术研究与产业发展的良性互动，为创业者提供了源源不断的技术支持和人才供给
第三阶段：发展壮大阶段（21世纪初）	科技创新与创业生态系统的完善 (1) 政策支持 "十五"规划与创新政策：2001年，国家"十五"规划明确提出要大力发展高新技术产业，中关村作为重要的科技创新基地，获得更多政策支持。政府通过设立专项资金、推动科技成果转化等措施，鼓励企业进行自主创新 知识产权保护与标准化：政府加强了对知识产权的保护，鼓励企业积极申请专利，提高技术标准化水平。这一措施为企业的技术创新提供了有力保障 (2) 科技创新 信息技术的快速发展：随着互联网的普及和信息技术的快速发展，中关村成为中国互联网企业的孵化地。百度、搜狐、网易等一批知名互联网企业在此期间崛起，推动了中关村的信息技术产业发展 创业孵化平台的多样化：中关村的创业孵化平台不断丰富，从政府主导的孵化器到民间资本设立的创业基地，各类孵化平台为初创企业提供全方位的支持 (3) 创业生态系统 风险投资的繁荣：随着创业企业的增多，风险投资在中关村蓬勃发展。中关村成为全国风险投资最活跃的地区之一，大量风险投资机构为初创企业提供资金支持

续表

发展历程	创业要素变化
第三阶段：发展壮大阶段（21世纪初）	创业服务机构的完善：除了资金支持，中关村的创业服务机构逐渐完善，提供法律咨询、财务管理、市场推广等多种服务，帮助企业解决发展中的各种问题 （4）创业文化 创新驱动与开放合作：中关村的创业文化继续强调创新驱动，鼓励企业在技术和商业模式上进行创新。同时，开放合作成为中关村企业发展的重要理念，企业间的合作与交流日益频繁 国际化视野与全球竞争：中关村的创业者逐渐具备国际化视野，积极参与全球竞争。越来越多的企业将目光投向国际市场，努力提升自身的全球竞争力
第四阶段：全球化与国际科技创新中心的形成（21世纪10年代）	国际化发展与创新资源的集聚 （1）政策支持 "十二五"规划与创新驱动发展战略：2011年，国家"十二五"规划将创新驱动作为国家战略，中关村被定位为国家自主创新示范区，享有更多的政策支持和资金投入 "大众创业、万众创新"政策：2015年，国家提出"大众创业、万众创新"战略，中关村积极响应，出台了一系列支持创新创业的政策措施，为创业者提供了更加宽松的政策环境 （2）国际化发展 吸引国际人才与资源：中关村通过各种渠道吸引国际科技人才和资源，形成了多元化、国际化的创新环境。越来越多的国际企业和机构在中关村设立研发中心，参与本地创新合作 跨境合作与国际交流：中关村企业积极参与国际科技合作与交流，推动技术和市场的双向开放。通过与国际科技巨头的合作，中关村企业加快了技术升级和市场拓展 （3）创新资源的集聚 科技企业的聚集：中关村吸引了大量国内外高科技企业的聚集，形成了丰富的产业链和创新生态。这些企业在信息技术、人工智能、生物医药等领域取得了显著成就 创新平台与实验室的建立：中关村建立了多个创新平台和实验室，如中关村开放实验室、企业创新中心等，为企业提供研发支持和合作机会 （4）创业生态系统 天使投资与创业孵化的完善：中关村的创业生态系统逐渐完善，天使投资、创业孵化器、加速器等多种支持机构不断涌现，为初创企业提供全方位的支持 创新服务体系的健全：中关村的创新服务体系日益健全，提供知识产权保护、市场推广、法律咨询等多种服务，帮助企业解决发展中的各种问题 （5）创业文化 包容失败与鼓励创新：中关村的创业文化继续强调包容失败、鼓励创新。创业者在面对失败时能够得到社会的理解和支持，激励了更多人投身于创新创业的事业 全球视野与本土创新：中关村的创业文化逐渐具有全球视野，创业者不仅关注本地市场，还积极参与全球竞争。同时，中关村鼓励本土创新，注重技术和产品的本土化研发

续表

发展历程	创业要素变化
第五阶段：智慧城市建设与可持续发展（21世纪20年代及未来）	智慧城市与绿色创新的推动 （1）政策支持 "十四五"规划与科技创新战略：2021年，国家"十四五"规划将科技创新作为国家发展的核心战略，中关村作为科技创新中心，继续享有政策支持和资金投入 绿色发展与可持续政策：中关村积极推动绿色发展，出台了一系列支持环保产业和绿色技术的政策措施，促进可持续创新 （2）智慧城市建设 智能交通与城市管理：中关村积极推进智能交通系统建设，通过大数据、人工智能等技术提升城市管理效率和居民生活质量 智慧医疗与教育：中关村推动智慧医疗和教育的发展，利用信息技术提升医疗和教育服务水平，为居民提供更好的生活质量 （3）绿色创新 可再生能源与环保技术：中关村积极发展可再生能源和环保技术，推动绿色经济的发展。这些技术的创新和应用为中关村的可持续发展提供了新的增长点 节能减排与绿色建筑：中关村推广节能减排技术和绿色建筑，倡导绿色生活方式和可持续发展理念 （5）创业生态系统 绿色投资与社会责任投资：中关村的创业投资机构逐渐关注绿色投资和社会责任投资，支持环保产业和可持续发展领域的创业企业 国际合作与跨境投资：中关村的投资机构积极开展国际合作和跨境投资，参与全球创新创业网络，提升企业的国际竞争力 （5）创业文化 创新驱动与可持续发展：中关村的创业文化将创新驱动与可持续发展结合起来，强调企业在追求商业成功的同时，也要关注社会和环境的责任 开放与合作的国际化视野：中关村的创业文化继续保持开放与合作的特点，积极参与国际创新合作，吸引全球创新资源和人才

总体而言，北京中关村的创业环境从改革开放初期的政策试点，逐步发展为全球知名的科技创新中心。

4.2.3　硅谷创业生态系统

美国硅谷是世界闻名的创新和创业中心，其发展过程充满了独特的历史背景、政策支持、技术创新和文化影响。硅谷位于美国加利福尼亚州旧金山湾区，以其高科技公司、风险投资和创业文化而闻名。其发展过程可以分为几个关键阶段：从早期的学术和军事研究基础到计算机和互联网时代的繁荣，最终成为全球的创新中心。硅谷创业生态系统发展的详细阶段如表 4-3 所示。

表 4-3　硅谷创业生态系统发展阶段

发展阶段	创业要素变化
早期阶段：学术和军事基础（20 世纪初至 40 年代）	（1）学术研究的基础 斯坦福大学的贡献：硅谷的崛起始于斯坦福大学的建立和发展。斯坦福大学成立于 1891 年，以其工程和科学教育著称。校长弗雷德里克·特曼（Frederick Terman）被称为"硅谷之父"，他鼓励学生和教师进行技术创业，并支持他们成立公司 学术与工业的结合：特曼倡导学术界与工业界的合作，促进了技术的商业化。这一理念成为硅谷发展早期的重要驱动力。例如，特曼鼓励斯坦福大学的学生威廉·休利特（William Hewlett）和大卫·帕卡德（David Packard）创办了惠普公司（HP），这家公司后来成为硅谷的代表性企业之一 （2）军事研究和政府支持 军方的技术需求：第二次世界大战期间，美国军方对技术和电子产品的需求激增。这促进了电子和通信技术的发展。斯坦福大学和其他机构与军方合作，开展了大量的研究项目，促进了技术的进步 政府资助的研究项目：战后，美国政府继续资助技术研究，尤其是在冷战背景下对先进技术的需求推动了技术发展。军方和政府的资金支持为硅谷的早期技术公司提供了重要的资源
半导体革命：技术创新的驱动（20 世纪 50~60 年代）	（1）半导体产业的兴起 仙童半导体公司的成立：1957 年，威廉·肖克利（William Shockley）和他的团队成立了仙童半导体公司，这被认为是硅谷半导体产业的起点。仙童半导体引领了硅谷的半导体技术发展，推动了集成电路和芯片的研发 "叛逆八人"：由于与肖克利的矛盾，八名工程师离开仙童半导体，成立了新的公司，包括英特尔（Intel）和 AMD。这些公司推动了半导体行业的快速发展 （2）风险投资的兴起 风险投资基金的出现：20 世纪 60 年代，风险投资基金开始兴起，为科技初创公司提供资金支持。阿瑟·洛克（Arthur Rock）等早期风险投资家为仙童半导体和其他初创公司提供了重要的资金支持 创业文化的形成：风险投资的兴起促进了创业文化的形成，鼓励技术人员和企业家进行创新和创业

发展阶段	创业要素变化
计算机革命：个人电脑时代的到来（20世纪70~80年代）	（1）个人电脑的普及 苹果公司和个人电脑：1976年，史蒂夫·乔布斯（Steve Jobs）和史蒂夫·沃兹尼亚克（Steve Wozniak）成立了苹果公司，推出了Apple Ⅰ和Apple Ⅱ个人电脑，推动了个人电脑的普及。苹果公司成为硅谷最具代表性的企业之一，引领了个人电脑革命 其他计算机公司的兴起：在苹果公司的带动下，硅谷出现了许多计算机公司，包括IBM、Compaq等，这些公司推动了计算机行业的快速发展 （2）软件和操作系统的创新 微软和软件产业：微软（Microsoft）在20世纪80年代崛起，推出了MS-DOS和Windows操作系统，推动了软件行业的发展。软件产业的兴起为硅谷的创业公司提供了新的发展机会 软件工具和编程语言：硅谷的公司开发了许多重要的软件工具和编程语言，如C语言、UNIX操作系统等，这些工具推动了计算机技术的进步
互联网时代：信息革命的引领（20世纪90年代至21世纪初）	（1）互联网的兴起 互联网公司和创新：20世纪90年代，互联网技术的兴起引发了新一轮的创业热潮。硅谷成为互联网公司创业的中心。Netscape、Yahoo、Google等公司在硅谷成立，引领了互联网技术的发展 电子商务和在线服务：互联网的普及推动了电子商务和在线服务的发展。亚马逊（Amazon）和eBay等公司在硅谷崛起，改变了人们的购物和交易方式 （2）风险投资的爆发 互联网泡沫和风险投资：20世纪90年代末期的互联网泡沫推动了大量风险投资涌入硅谷，许多互联网初创公司获得了巨额资金。尽管泡沫破灭导致了一些公司的倒闭，但风险投资的热潮为硅谷带来了巨大的资金和创新活力 持续的创新支持：互联网泡沫后，风险投资继续支持技术创新，推动了新一代互联网公司和技术的崛起
现代硅谷：多元化和全球化（2010年至今）	（1）多元化的技术创新 社交媒体和移动互联网：21世纪10年代，社交媒体和移动互联网技术迅速发展。Facebook、Twitter、WhatsApp等公司在硅谷崛起，改变了人们的沟通方式 人工智能和大数据：硅谷成为人工智能和大数据技术的创新中心。如Google、Apple、Facebook等公司投入巨资进行AI技术研发，推动了技术进步 （2）全球化和多元文化 国际化的人才流动：硅谷吸引了来自世界各地的人才，形成了多元文化的创新环境。国际化的人才为硅谷带来了不同的视角和创新思维 全球化的市场影响：硅谷的科技公司在全球范围内产生了深远影响，其创新产品和服务进入了全球市场，改变了各国的经济和社会结构 （3）可持续发展与社会责任 绿色科技和环保创新：硅谷的公司在可持续发展和环保技术方面进行了大量创新，推动了绿色科技的发展。例如，特斯拉（Tesla）在电动汽车领域的创新对全球汽车行业产生了重大影响 社会责任和企业文化：硅谷的企业注重社会责任和企业文化，关注员工福利、社会公平和可持续发展，推动了企业的社会影响力

4.3　系统组织结构特点

新型创业生态系统的组织结构特点是多层次且相互交织的。每个生态系统都由多种因素构成，这些因素通过网络化、动态性、协同作用、地域特性和多样性形成一个复杂的有机整体，如图 4-1 所示。

图 4-1　新型创业生态系统组织结构特点

4.3.1　网络化和互联性

在新型创业生态系统中，各要素通过复杂的网络进行连接和互动，这种网络化结构加速了资源和信息的流动。网络化不仅包括物理上的连接，还包括信息和资源的流通。以色列的创业生态系统是网络化和互联性的典范。这里的政府、军方、学术界和企业界紧密合作，形成了一个高度互联的创新网络。例如，以色列国防军的技术部门为许多退役军人提供了先进的技术技能，这些技能随后被应用到商业领域，孕育了像 Check Point Software 这样的网络安全巨头。此外，以色列的大学，如以色列理工学院通过技术转移办公室，将研究成果商业化，为企业提供创新支持。这种紧密的网络使得以色列能够快速将新技术转化为市场产品，形成了一个支持创新的强大生态系统，确保了各个参与者之间的高效协作和资源共享。

4.3.2　动态性和灵活性

新型创业生态系统中的参与者和资源配置会随着市场需求和技术进步而不断变化，因此，各方需要具备高度的灵活性和适应能力。这种动态性允许生态系统在面对不确定性和变化时能够迅速调整，以抓住新的机会。阿姆斯特丹的创业生态系统是动态性和灵活性的成功案例。作为欧洲的科技和创意中心之一，阿姆斯特丹拥有众多初创企业和创新项目。当地政府通过快速调整政策来适应不断变化的市场需求，例如，推出"Startup Amsterdam"计划，提供资金支持、工作空间和国际化网络，吸引了像 Booking.com 这样的国际公司在此设立办公室。阿姆斯特丹还支持可持续发展和社会影响力创业，以响应全球的绿色经济趋势。这种灵活性使得阿姆斯特丹能够适应各种创业阶段的需求，不断吸引新的企业和人才，并在欧洲乃至全球市场上保持竞争力。

4.3.3　组织协同

协同作用是新型创业生态系统成功的关键。不同的角色通过合作实现共同的目标，使得整体效能大于个体的简单相加。协同作用能够促进创新和加速发展。柏林的创业生态系统以其协同合作闻名。柏林被认为是欧洲的科技和文化创新中心之一，这得益于与政府、大学和企业之间的紧密合作。柏林政府提供创业资助和税收优惠，支持科技初创企业。当地的大学如柏林自由大学，提供创业培训和研究支持，培养了一批批优秀的创业者。同时，柏林也有众多孵化器和加速器，如 Factory Berlin，为初创企业提供办公空间和资源。通过这种多方协同合作，柏林吸引了像 Zalando 和 Sound Cloud 等科技公司。这种协同作用不仅推动了当地经济的发展，也使柏林在全球科技和文化领域占据了重要地位。

4.3.4　地域特性

新型创业生态系统的特点和优势往往受到当地的经济、文化和政策环境的影响，因此，不同地区会展现出独特的创业生态。地域特性使得每个生态系统都具备独特的竞争优势。深圳的创业生态系统是典型的例子。作为中国的科技创新中心，深圳受益于政府的大力支持和开放政策，迅速发展成为全球硬件创新的中心。深圳被称为"硬件的硅谷"，因为这里集中了众多电子制造商和供应链资源。例如，华为和大疆等公司在深圳的崛起，部分得益于当地政府提供的政策支持和研发资金。此外，深圳还吸引了大量的国际人才和企业，形成了一个多元化的创新环境。这种地域特性不仅使深圳在全球市场上占据了重要地位，也推动了中国整体的科技进步和经济增长。

4.3.5 多样性

生态系统内的多样性（如行业、背景、技能等）能够带来创新的视角和解决方案，增强整个生态系统的韧性和竞争力。多样性带来了不同的思维方式和解决问题的方法，促进了生态系统的健康发展。纽约的创业生态系统以其多样性和包容性著称。作为全球最具多样化的城市之一，纽约吸引了来自不同背景和领域的创业者。纽约的创业生态系统涵盖金融、科技、时尚、媒体等多个行业，形成了一个丰富多彩的创新环境。比如，金融科技公司如 Betterment 和时尚科技公司如 Rent the Runway，得益于纽约的多样化人才和行业资源。同时，纽约的文化包容性促进了创意和合作，使得不同文化背景的人才能够在这里找到发展的空间。这种多样性不仅增强了纽约创业生态系统的创新能力，也使得纽约在全球创业地图上占有举足轻重的地位。

4.4 系统生成关键要素

创业生态系统的生成过程复杂而多层次，它不仅涉及多个主体的互动，还包括不同机制的协同作用。在系统生成的初始阶段，关键在于政策的推动和市场机会的识别，以及基础设施和技术创新的初步投入。这一阶段是创业活动的萌芽期，各种条件尚在准备和形成中。要实现创业生态系统从 0 到 1 的突破，区域必须具备的关键要素如图 4-2 所示。

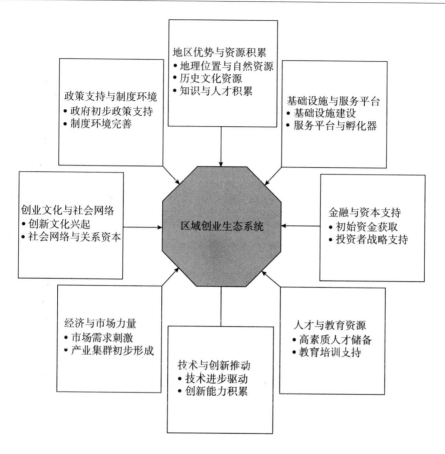

图 4-2　新型创业生态系统生成的关键要素

4.4.1　地区优势与资源积累

4.4.1.1　地理位置与自然资源

一些地区因其独特的地理位置而具备创业优势，例如靠近原材料产地、大型市场或技术中心。这些优势能够吸引企业和人才聚集，形成最初的创业热潮。

4.4.1.2 历史文化资源

历史上某些地区可能曾是商业中心或文化交汇点，这些历史积淀为现代创业活动提供了独特的文化和资源优势。例如，某些城市可能因其丰富的文化遗产和创新传统而成为创业者的聚集地。

4.4.1.3 知识与人才的积累

区域内的高校、科研机构和大企业是知识和人才的重要来源。这些机构通过培养高素质人才和推动技术创新，为创业生态系统的萌芽提供智力支持和技术储备。

4.4.2 政策支持与制度环境

4.4.2.1 政府的初步政策支持

在萌芽阶段，政府通常会出台一系列政策以鼓励创新和创业活动。例如，提供税收减免、创业补贴和创新基金，简化创业流程和法规。这些政策能够降低创业者的进入壁垒，激励他们开展新业务。

4.4.2.2 制度环境的完善

政府需要建立和完善保护知识产权、促进公平竞争的法律体系，为创业者提供稳定和可预测的外部环境。这种制度保障能够增强创业者的信心，吸引更多投资者和企业进入区域市场。

4.4.3 创业文化与社会网络

4.4.3.1 创新文化的兴起

文化环境对创业活动有重要影响。开放、包容和鼓励创新的文化氛围能够激发创业精神，推动更多人尝试创业。这种文化氛围通常通过教育、媒体宣传和社群活动等形式得以传播和巩固。

4.4.3.2　社会网络与关系资本

社交网络和关系资本是创业者在萌芽阶段的重要资源。通过社交网络，创业者可以获得关键信息、资源和支持，找到合适的合作伙伴和投资者。这种关系资本有助于形成一个互相支持和资源共享的创业社群。

4.4.4　经济与市场力量

4.4.4.1　市场需求的刺激

萌芽阶段通常伴随着对新产品和新服务的市场需求。市场需求驱动企业创新，以满足消费者的需求并获取竞争优势。这种市场导向的创新活动能够激励更多创业者进入市场，推动生态系统的形成。

4.4.4.2　产业集群的初步形成

某些区域可能已经形成了初步的产业集群，这为新创企业提供了供应链、市场和技术支持。产业集群的存在能够降低企业的运营成本，增强其竞争力。

4.4.5　技术与创新推动

4.4.5.1　技术进步与驱动

技术进步是推动创业活动的重要力量。在萌芽阶段，新技术的涌现为创业提供了新的可能性和工具。例如，互联网技术的普及和应用推动了电子商务和数字经济的兴起。

4.4.5.2　创新能力的积累

区域内科研机构和企业的创新能力决定了技术应用和扩散速度。通过技术转移和合作创新，创业者能够利用最新的技术成果开发新产品和服务。

4.4.6 人才与教育资源

4.4.6.1 高素质人才的储备

高素质人才是创业生态系统的核心资源。区域内高校和科研机构的存在为创业活动提供了丰富的人才储备。这些人才不仅具备技术能力，还具备创业精神和创新思维。

4.4.6.2 教育与培训的支持

在萌芽阶段，教育机构和培训项目能够提升劳动者的技能水平和创新能力，为创业活动提供持续的人力资源支持。例如，创业课程和创新培训能够培养创业者的管理能力和市场敏感性。

4.4.7 金融与资本支持

4.4.7.1 初始资金的获取

融资是创业活动的关键环节。在萌芽阶段，创业者通常依赖于天使投资、种子基金和政府补贴等初始资金。这些资金支持能够帮助企业完成产品开发和市场验证。

4.4.7.2 投资者的战略支持

投资者不仅提供资金，还能够为企业提供战略指导和市场资源。在萌芽阶段，投资者的参与能够提升企业的管理水平和市场竞争力。

4.4.8 基础设施与服务平台

4.4.8.1 基础设施的建设

完善的基础设施是创业活动顺利进行的基础条件。例如，良好的交通、通信和物流设施能够提升企业的运营效率，降低其进入市场的门槛。

4.4.8.2　服务平台与孵化器

创业孵化器和服务平台通过提供办公空间、技术支持、市场推广等服务，帮助初创企业快速成长。这些支持能够降低企业的运营成本，提升其市场竞争力。

4.4.8.3　新型创业生态系统的萌芽阶段是多因素综合作用的结果

在这个阶段，地理优势、政策支持、文化氛围、技术进步、人才资源、金融支持和基础设施建设等因素共同推动了生态系统的形成。这些要素通过相互作用和协调发展，形成了一个支持创业者创新和成长的有利环境。萌芽阶段的成功奠定了区域未来创新和经济增长的基础，为创业者提供了一个有活力和可持续发展的生态系统。

4.5　新型创业生态系统的要素黏合机制

新型创业生态系统的黏合机制指在生态系统中将不同参与者、资源和要素紧密结合在一起，以促进合作、创新和可持续发展的各种因素及动力。这些黏合机制有助于确保生态系统的稳定性和高效性，使得各个组成部分能够协同运作，共同推动区域内创业活动的繁荣发展，如图4-3所示。

4.5.1　信任和社会资本

信任是新型创业生态系统的基础要素之一，它促进了各个参与者间的合作和信息共享。建立信任的过程往往需要时间和成功的合作经验。在硅谷，信任关系通常通过推荐和社交网络建立，这种信任环境使得创业者、

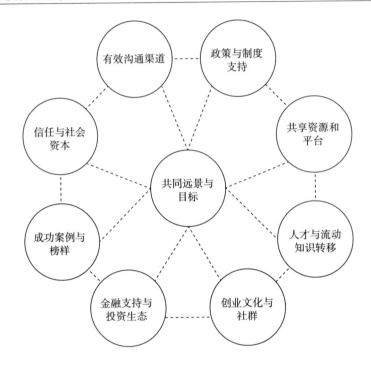

图 4-3　新型创业生态系统要素黏合机制

投资者和企业家能够放心地共享信息、资源和机会。社会资本指个体和组织之间的关系网络，这种网络能够增强彼此间的信任与合作。

4.5.2　共同的愿景和目标

一个新型创业生态系统中的参与者如果拥有共同的愿景和目标，则能够促进更高效的合作和协同发展。共同的愿景可以是推动区域创新、提升经济活力或解决社会问题。这样的共同目标能够激励不同的利益相关者朝着一个方向努力。

4.5.3　有效的沟通渠道

有效的沟通渠道是创业生态系统内不同参与者间相互理解和合作的基础。沟通渠道包括正式和非正式的会议、研讨会、网络平台和社交媒体等。这些渠道有助于信息的传播和反馈的获取。

4.5.4　政策和制度支持

政策和制度支持是黏合机制中至关重要的一部分。政府通过制定和实施支持创业的政策，提供法规和法律框架，以促进创业生态系统的发展。例如，政府可能提供税收优惠、资金资助、创业签证以及简化的行政程序，以吸引和支持创业者。

4.5.5　共享资源和平台

共享资源和平台包括共享办公空间、实验室设备、专业服务和技术平台等。共享资源能够降低创业成本，提高资源利用效率。例如，纽约的 WeWork 通过提供共享办公空间，支持初创企业灵活使用办公资源，降低运营成本。此外，共享的技术平台和数据资源能够加速创新。

4.5.6　人才流动和知识转移

人才流动和知识转移是生态系统黏合的重要机制。人才的流动带来了新的技能和思维方式，而知识转移能够加速技术和创新的扩散。例如，斯坦福大学的毕业生在硅谷创业和就业，推动了知识和技术的传播，使得硅谷保持了强大的创新能力。通过大学、研究机构和企业之间的合作，知识得以迅速转化为市场应用。

4.5.7 创业文化和社群

创业文化和社群是将不同参与者凝聚在一起的重要因素。创业文化强调创新、冒险和合作，能够激励创业者不断追求突破。社群通过社交活动、聚会和在线平台，增强了创业者间的联系和支持。

4.5.8 金融支持与投资生态

金融支持与投资生态也是黏合机制的关键组成部分。一个健康的投资生态系统包括天使投资人、风险投资公司、企业投资和银行贷款等多种渠道。这些渠道为初创企业提供了必要的资金支持，使其能够实现增长和扩展。

4.5.9 成功案例和榜样的力量

成功案例和榜样的力量能够激励和吸引更多的人参与创业活动。成功的创业故事和榜样可以为其他创业者提供灵感及指导，激发他们的创业热情。成功企业家的故事，如乔布斯、马云、马斯克等，不仅激励了全球的创业者，也提供了实践经验和创新思维的借鉴。

新型创业生态系统的黏合机制通过多种因素和动力将不同参与者、资源和要素紧密结合在一起。这些机制不仅促进了各个组成部分之间的协同运作和创新发展，还支持了生态系统的可持续性和竞争力。通过建立信任和社会资本、制定有效政策、促进人才流动和知识转移，以及营造积极的创业文化和社群，新型创业生态系统能够持续推动区域经济的繁荣和进步。

4.6　新型创业生态系统的生成机理

新型创业生态系统是一个复杂的网络，其中的各种机制确保了系统的有效运作和可持续发展。这些机制通过不同的方式促进参与者间的互动和协作，推动创新和经济增长。对新型创业生态系统中主要机制的详细分析，包括互利机制、共生机制、资源整合机制、需求响应机制和功能涌现机制，以及它们如何在实践中发挥作用的说明。

4.6.1　互利机制

互利机制指新型创业生态系统中的各方通过互惠互利的合作关系实现共同目标。各个参与者在合作中获得收益，推动整体生态系统的健康发展。

在一个健康的创业生态系统中，企业、投资者、政府和研究机构等各方通过资源共享、信息交流和合作项目实现互利。例如，投资者为创业公司提供资金支持，换取股权和未来的收益；创业公司提供创新产品和技术，吸引投资者的兴趣和资本。在硅谷，互利机制表现得尤为明显。创业公司与风险投资公司间建立了紧密的合作关系。风险投资公司不仅提供资金，还参与企业的战略规划和管理，帮助企业快速成长。与此同时，成功的创业公司通过上市或并购为投资者带来了丰厚的回报，这种互利关系推动了硅谷的持续创新和经济繁荣。

互利机制通过建立各方的合作关系和互信，推动了资源的有效配置和利用。这种机制使得各方能够共享成果、分担风险，从而提高了整个生态系统的稳定性和创新能力。

4.6.2 共生机制

共生机制指生态系统中的各方通过相互依赖和协作，共同创造和共享价值。不同的参与者在合作中形成了互补关系，且相互支持，以促进整体发展。

在创业生态系统中，企业、研究机构、政府和社区间的合作体现了共生机制。例如，企业可从研究机构获得前沿技术的支持，研究机构可通过与企业的合作将技术应用到实际生产中，政府通过政策和资源支持推动整个生态系统的发展。共生机制通过增强各方的合作和互动，促进了资源的有效利用和创新的发生。这种机制使得各方能够共同应对挑战，分享成功，从而提升整个生态系统的韧性和竞争力。

4.6.3 资源整合机制

资源整合机制指新型创业生态系统中的各方通过整合和优化资源，实现资源的高效配置和利用。资源整合包括资金、技术、人才、信息等方面的整合。

在创业生态系统中，资源整合机制通过建立共享平台、合作网络和资源池等方式实现。例如，创业孵化器和加速器通过提供办公空间、技术支持、市场推广和投资对接等服务，帮助初创企业整合各种资源，快速成长。纽约的创业生态系统通过建立多个创业孵化器和加速器（如 Techstars 和 Entrepreneurial Ventures），为初创企业提供了一个集中的资源整合平台。这些平台汇集了资金、技术、市场信息和导师资源，帮助初创企业克服早期阶段的困难，以实现快速增长。通过这种资源整合机制，纽约的创业生态系统能够支持多种行业的初创公司,推动了区域经济的发展。

资源整合机制通过优化资源配置,提高了资源的使用效率。这种机制使得创业企业能够获得所需的各种支持,降低了创业成本,增加了成功的机会,从而促进了整个生态系统的繁荣。

4.6.4　需求响应机制

需求响应机制指创业生态系统中的各方根据市场需求的变化,及时调整策略和资源配置,以适应市场的动态变化。这种机制使得生态系统能够快速响应市场需求,实现有效的资源配置和优化。

在创业生态系统中,需求响应机制通过市场调研、数据分析和反馈机制来实现。例如,企业通过市场调研了解消费者需求的变化,并据此调整产品和服务;政府和投资者根据市场趋势调整政策和投资策略,支持新兴行业的发展。阿姆斯特丹的创业生态系统通过建立"Startup Amsterdam"计划,响应了市场需求的变化。随着数字经济和绿色经济的兴起,阿姆斯特丹政府调整了支持政策,提供了针对数字创业和可持续发展的资金和资源支持。这种需求响应机制使得阿姆斯特丹能够适应市场变化,推动新兴产业的发展,并吸引大量的创新企业和投资者。

需求响应机制通过快速适应市场需求的变化,增强了生态系统的灵活性和适应能力。这种机制使得各方能够及时调整策略,优化资源配置,从而提高整体生态系统的竞争力和创新能力。

4.6.5　功能涌现机制

功能涌现机制指在新型创业生态系统中,整体功能和能力往往是通过各个参与者的互动和协作自发形成的,而不是由单一因素或个体主导。这种机制使得系统能够自我组织和演化，形成新的功能和能力。

功能涌现机制通过各方的相互作用和合作，实现了新的功能和新的能力的出现。例如，多个创业公司在同一地区集聚，可能会形成一个新的产业集群，这种集群具有强大的创新能力和市场竞争力。这种现象在多个科技园区和创业社区中得到体现。深圳的创业生态系统就是功能涌现机制的典型例子。深圳最初以电子制造业起步，随着大量初创公司和创新企业的集聚，而逐渐发展成为全球硬件创新的中心。深圳的硬件制造、设计和研发能力通过企业的互动和合作不断提升，形成了一个具有全球影响力的创新生态系统。这种功能涌现机制使深圳能够快速适应市场需求，推动区域经济的全面发展。

功能涌现机制通过自发形成的新功能和能力，增强了生态系统的创新性和适应性。这种机制使得生态系统能够不断演化和优化，形成具有竞争力的区域优势，从而推动整体经济的发展和繁荣。

新型创业生态系统中的互利机制、共生机制、资源整合机制、需求响应机制和功能涌现机制共同作用，推动了系统的健康运作和可持续发展。互利机制通过建立合作关系，促进了资源的有效利用；共生机制通过相互依赖和支持，增强了系统的韧性；资源整合机制通过优化资源配置，提高了效率；需求响应机制通过适应市场变化，增强了灵活性；功能涌现机制通过自发形成的创新能力，推动了创新和经济增长。这些机制通过不同的方式在新型创业生态系统中发挥作用，使得各方能够有效合作，共同推动区域内的创业活动和经济发展。理解这些机制及其运作方式，有助于更好地构建和优化创业生态系统，从而实现持续的创新和经济繁荣。

4.7　本章小结

本章以深圳、北京中关村、美国硅谷为案例，详细分析了新型创业生态系统生成过程中的关键要素、组织结构特点、要素黏合机制以及生成机理。

第5章 新型创业生态系统的演化机理

5.1 系统演化过程

在新型创业生态系统的生成过程中，发展阶段和成熟阶段是生态系统成长壮大的关键时期。这两个阶段是生态系统从初步形成到成熟稳定的演变过程，涉及参与者的角色转变、技术的进步以及市场的扩展。下面我们详细探讨这两个阶段的特点、关键参与者及其作用。

5.1.1 发展阶段

5.1.1.1 阶段特征

在系统生成后，新型创业生态系统就进入了系统快速发展的新阶段，这一时期，系统会呈现出一系列与生成阶段完全不同的特征。具体而言，主要体现在以下方面：

（1）规模化与扩展。

1）业务扩展。企业专注于扩大市场份额，追求业务的规模化和市场影响力的提升。这一过程通常伴随着更广泛的市场覆盖、更高效的运营流程和更大规模的产品及服务供应。

2）商业模式优化。企业逐步优化和验证其商业模式，以实现可持续增长。这包括成本结构的优化、收入渠道的多样化以及客户获取和留存策略的精细化。

3）市场细分与定位。企业在这一阶段通常会进行市场细分，定位特定的客户群体，以更有效地满足不同客户的需求，从而提高市场竞争力。

（2）资源整合。

1）生态资源集成。数字平台公司和创业者在这一阶段更加注重整合内部和外部资源，包括技术资源、市场资源和人力资源，以增强市场竞争力。

2）跨行业合作。企业开始与不同领域的公司进行战略合作，以开发新产品和开拓新市场。跨行业的合作能够带来资源共享和协同效应，促进创新发展。

3）供应链优化。企业在发展阶段会对其供应链进行优化和整合，以提高运营效率和响应速度，确保产品和服务能够及时交付。

（3）合作与生态建设。

1）合作伙伴关系。创业者之间以及与大公司的合作日益紧密，并形成战略联盟和合作伙伴关系，共同构建更大的生态系统。

2）开放创新平台。数字平台公司通过开放其平台功能和 API，鼓励第三方开发者和创业者参与创新，形成开放的创新生态系统。

3）生态系统治理。在生态建设中，参与者逐步建立起生态系统的治理机制，以协调各方利益，维护生态系统的稳定和健康发展。

5.1.1.2　关键主体作用与角色

在创业生态系统的不同阶段，不同关键主体也处于不同的发展状态，它们在系统演化和发展过程中相应地发挥着不同作用，扮演着不同角色。通过对阿里巴巴集团、腾讯集团以及深圳和北京中关村的发展历程分析，本书梳理出在新型创业生态系统的发展阶段，关键主体的作用及扮演的角色。如表5-1所示。

表5-1　新型创业生态系统发展阶段关键主体扮演角色

关键主体	系统角色
创业者	规模扩展者：在发展阶段，创业者专注于扩大业务规模，通过优化产品和服务、提升市场占有率、进入新市场来实现增长
	复杂产品开发者：创业者在这一阶段致力于开发更复杂的产品和服务，以满足多样化的市场需求和客户期望
	国际市场开拓者：随着业务的扩展，创业者开始进军国际市场，探索跨境业务和全球市场机会
数字平台公司	功能扩展者：数字平台公司在这一阶段扩展其平台功能，提供更多的API、开发工具和支持服务，以支持创业者的业务增长
	市场促进者：数字平台公司通过推广活动、市场分析和用户数据，为创业者提供市场洞察和策略建议，帮助其拓展市场
	生态建设者：数字平台公司积极推动生态系统的建设，通过合作伙伴计划、开发者社区和创新大赛等形式，吸引更多创业者加入生态系统
投资者	资本推动者：风险投资基金和战略投资者在发展阶段提供更大规模的资金支持，帮助企业加速发展
	战略规划顾问：投资者不仅提供资金，还协助企业进行战略规划和运营优化，以实现长期增长
	市场导向者：投资者利用其行业经验和市场洞察，帮助企业识别市场机会，优化产品定位和营销策略

续表

关键主体	系统角色
政府与政策制定者	法规制定者：政府在发展阶段制定更完善的法规和政策，以支持数字经济的发展，确保市场的公平竞争
	基础设施提供者：政府通过建设信息通信基础设施和提供公共服务，支持企业的快速发展和市场拓展
	创新激励者：政府通过创新补贴、税收优惠和创业基金等激励措施，鼓励企业进行技术创新和商业模式创新
科研创新机构	持续研究支持者：科研机构和高校在发展阶段提供持续的研究支持，推动技术进步和创新发展
	人才输出者：高校通过教育和培训，为企业培养和输送高素质人才，这些人才是推动企业创新和发展的重要力量
	创新合作伙伴：科研机构通过与企业合作进行创新项目，推动技术转移和产业应用

5.1.2　成熟阶段

5.1.2.1　系统特征

（1）生态系统稳定化。

1）系统自我调节。新型创业生态系统趋于稳定，具有较强的自我调节能力。系统内部的资源配置和参与者互动更加高效，能够快速响应市场变化。

2）结构化治理。生态系统内部建立起有效的治理结构，以协调不同参与者的利益，维护系统的稳定和健康发展。

3）市场成熟。市场需求趋于稳定，企业需要通过持续创新和优化来维持竞争优势。

（2）创新与多样化。

1）多元化创新。企业专注于多元化创新，开发新产品、新服务，拓展新市场，以适应市场变化和客户需求。

2）跨界融合。企业通过跨界合作和技术融合，实现业务的多元化和创新的突破。这种跨界融合推动了生态系统内的创新活动和市场发展。

3）客户导向。企业更加注重客户需求，通过个性化产品和服务提高客户满意度和忠诚度。

（3）全球化扩展。

1）国际化经营。生态系统向国际市场扩展，企业通过全球化经营，扩大市场份额和影响力。

2）国际合作。企业通过与国际合作伙伴的合作，获取全球资源和市场机会，提升竞争力。

3）文化融合。在全球化扩展中，企业需要适应不同文化和市场环境，通过文化融合实现业务增长。

5.1.2.2　关键主体作用及角色

在新型创业生态系统的成熟阶段，五大关键主体（创业者、数字平台公司、投资者、政府与政策制定者、科研创新机构）在系统中扮演的角色如表 5-2 所示。

表 5-2　系统成熟阶段关键主体扮演角色

关键主体	系统角色
创业者	创新优化者：成熟阶段的创业者专注于创新优化，通过技术升级和产品改进，保持竞争优势
	业务多元化者：创业者在这一阶段拓展业务领域，开发多元化的产品和服务，以提高市场适应性
	全球竞争者：创业者通过全球化经营，在国际市场上竞争，争取全球市场份额
数字平台公司	全球化服务提供者：数字平台公司在成熟阶段提供全球化的技术支持和服务，成为全球创新和合作的枢纽
	创新推动者：数字平台公司通过技术创新和平台扩展，推动生态系统内的持续创新和多元化发展
	资源整合者：数字平台公司通过整合全球资源，为创业者提供全面支持，助力其国际化发展

续表

关键主体	系统角色
投资者	持续支持者：投资者在成熟阶段继续提供资金支持，并通过并购和 IPO 等方式退出，以获取投资回报
	并购促进者：投资者通过并购活动，帮助企业扩大市场份额，优化资源配置，实现快速增长
	创新推动者：投资者支持创新项目和技术研发，推动生态系统的持续创新和发展
政府与政策制定者	全球化监管者：政府在成熟阶段扮演全球化市场监管者的角色，确保生态系统的公平竞争和可持续发展
	政策保障者：政府通过制定国际化的法规政策，为企业的全球化经营提供法律保障和政策支持
	国际合作推动者：政府通过国际合作和政策协调，推动生态系统的全球化发展和国际竞争力提升
科研创新机构	技术创新支持者：科研机构和高校在成熟阶段持续支持技术创新和研发，推动学术研究与产业应用的紧密结合
	国际合作伙伴：高校通过国际合作和学术交流，推动创新人才培养和技术转移，支持企业的全球化发展
	产业应用推动者：科研机构通过与企业合作，推动技术创新的产业应用，助力生态系统的创新和多样化发展

5.2　新型创业生态系统演化的驱动机制

5.2.1　需求驱动机制

需求驱动力主要来源于市场和社会对新产品、新服务或新解决方案的迫切需求。这些需求可能源于以下几个方面：

（1）消费者需求。随着生活水平的提高和消费观念的变化，消费者对产品或服务的需求也在不断变化。新的消费趋势、健康意识、个性化需求等都是消费者需求的体现，它们直接推动了创业活动的兴起。

（2）产业升级需求。随着科技进步和全球化竞争的加剧，传统产业需要转型升级以提高竞争力。产业升级过程中，新兴技术和商业模式的引入为创业提供了广阔的空间。

（3）社会问题解决需求。社会面临的各种问题，如环境污染、资源短缺、公共卫生等，也为创业活动提供了机会。创业者通过创新解决这些问题，不仅能够满足社会需求，还能实现商业价值。

需求驱动对新型创业生态系统的影响主要体现在以下方面：

（1）激发创业活动。市场需求是创业活动的主要驱动力。明确的市场需求能够激发创业者的创业热情，促使他们投身于创新创业中。

（2）引导创业方向。市场需求的变化能够引导创业者的创业方向。创业者会根据市场需求调整产品或服务的定位和功能，以满足市场需求并获得竞争优势。

（3）促进资源整合。市场需求的明确性有助于创业者在创业过程中更有效地整合资源。投资者、供应商、合作伙伴等会根据市场需求评估创业项目的潜力，从而决定是否提供支持。

（4）加速生态系统发展。市场需求的增长能够推动创业生态系统的快速发展。随着市场需求的扩大，越来越多的创业者加入创业生态系统，形成了更加活跃的创业氛围和更加完善的生态系统结构。

需求驱动在创业生态系统中主要扮演着以下关键角色：

（1）启动器。需求驱动是创业生态系统形成的启动器。没有市场需求的存在，创业活动就难以启动和发展。市场需求为创业者提供了明确的目标和方向，使创业活动更具有现实意义和商业价值。

（2）导向标。需求驱动为创业生态系统的发展提供了导向标。创业者会根据市场需求的变化不断调整和优化产品或服务，以满足市场的持续需求。这种导向作用有助于保持创业生态系统的活力和竞争力。

（3）催化剂。需求驱动能够加速创业生态系统中各主体之间的合作与互动。面对共同的市场需求，创业者、投资者、供应商等主体会寻求合作以实现共赢。这种合作有助于推动创业生态系统的快速发展和完善。

5.2.2　资源汇集机制

资源汇集是创业生态系统形成和发展过程中的关键环节，主要依赖以下几个方面的力量来汇集资源：

（1）政府支持。政府在创业生态系统中扮演着重要角色，通过提供政策支持、税收优惠、资金补贴等手段，吸引和汇集各种资源进入创业生态系统。政府可以建立创业基金、孵化器、加速器等平台，为创业者提供场地、资金、技术等全方位的支持。

（2）市场机制。市场机制是资源汇集的一种重要方式。市场通过价格机制、供求关系等手段，自动调节资源的配置。创业者根据市场需求和竞争状况，积极寻求合作伙伴和投资方，通过市场机制汇集所需的资金、技术、人才等资源。

（3）网络效应。创业生态系统中的各主体间通过网络效应相互联系、相互影响。网络效应有助于形成资源共享、互利共赢的局面。创业者可以通过加入行业协会、参加创业社群等方式，拓宽人脉资源，获取更多的信息和支持。

（4）平台搭建。平台企业在创业生态系统中发挥着关键作用。平台企业通过搭建创业服务平台，为创业者提供展示项目、交流经验、对接资源的机会。这些平台不仅汇集了大量的创业项目和团队，还吸引了投资者、服务商、科研机构等多方主体的参与，促进了资源的有效汇集和共享。

汇集资源机制对创业生态系统的影响主要体现在以下方面：

（1）提升创业成功率。资源的有效汇集能够为创业者提供更多的支持和帮助，降低创业风险和成本，提高创业成功率。创业者可以获得所需的资金、技术、人才等资源，从而更好地开展创业活动。

（2）促进创新活动。资源的汇集有助于推动创新活动的开展。创业者可以获得更多的创新资源和灵感，与科研机构、高校等合作方共同研发新技术、新产品。这种合作有助于提升创业生态系统的整体创新能力。

（3）增强生态系统活力。资源的汇集能够增强创业生态系统的活力。多方主体的参与和资源的共享促进了知识、技术、信息的流动和传递，形成了更加活跃的创新氛围和生态系统结构。

（4）推动产业升级。资源的汇集有助于推动相关产业的升级和发展。通过汇集产业链上下游的资源，形成更加完善的产业生态体系，提升整个产业的竞争力和附加值。

资源汇集在创业生态系统中扮演的角色如下：

（1）基础支撑。资源汇集是创业生态系统形成和发展的基础支撑。没有资源的有效汇集和配置，创业活动就难以开展和持续。资源的汇集为创业者提供了必要的支持和保障，使他们能够专注于创新和发展。

（2）动力源泉。资源汇集是创业生态系统持续发展的动力源泉。资源的不断汇集和更新为创业生态系统注入了新的活力和机遇。创业者可以根据市场需求和资源状况，不断调整和优化创业策略及方向，推动创业活动的深入发展。

（3）纽带桥梁。资源汇集在创业生态系统中发挥着纽带桥梁的作用。它连接了政府、企业、科研机构、高校等多方主体，从而形成紧密的合作网络。通过资源的共享和互补，实现各方的互利共赢和共同发展。

5.2.3　网络构建机制

网络构建在创业生态系统中起着至关重要的作用，它不仅是系统形成的基础，也是推动系统持续发展的关键机制。以下是网络构建的详细解析，包括其形成过程、对创业生态系统的影响以及在系统中的关键作用。

网络构建机制的形成，一般要经历以下四个阶段：

（1）初创阶段。在创业初期，创业者往往需要寻找合适的合作伙伴、投资者、供应商等资源。这个过程中，创业者会积极参与各类创业活动、交流会、研讨会等，以拓展人脉、寻找合作机会。这些活动为创业者提供了初步的交流平台，促进了创业者间的初步联系。

（2）资源整合。随着交流的深入，创业者间开始共享资源、信息和经验。他们发现彼此之间的互补性，如技术、市场、资金等方面的合作潜力。这种资源整合的过程促使创业者之间形成更紧密的合作关系。

（3）信任建立。在频繁的互动中，创业者间逐渐建立起信任。信任是合作的基础，它降低了合作中的不确定性和风险，使得创业者更愿意分享敏感信息和核心资源。这种信任关系的建立是网络构建的核心环节。

（4）网络形成。随着信任的建立和资源的整合，创业者间形成了一个稳定的网络。这个网络不仅包括创业者之间的直接联系，还通过他们各自的社交网络不断扩展，形成一个复杂而多样的创业生态系统网络。

网络构建机制一旦形成后，就会对创业生态系统产生重要影响，具体包括以下几方面：

（1）信息共享。网络构建促进了信息在创业生态系统中的快速流动。创业者可以通过网络获取最新的行业动态、技术趋势、市场需求等信息，从而及时调整创业策略，降低信息不对称带来的风险。

（2）资源互补。网络中的创业者各自拥有不同的资源禀赋，通过网络构建可以实现资源的有效整合和互补。这种资源互补不仅提高了资源利用效率，还促进了创新创业活动的深入开展。

（3）协同合作。网络构建鼓励创业者之间的协同合作，他们可以共同开发新产品、拓展新市场、应对行业挑战等。协同合作不仅增强了创业者的竞争力，还推动了整个创业生态系统的繁荣发展。

（4）风险分担。创业过程中充满了不确定性和风险。通过网络构建，创业者可以与其他成员共同分担风险，降低单一创业者面临的风险压力。这种风险分担机制有助于提高创业者的抗风险能力，促进创业活动的持续开展。

网络构建机制，在创业生态系统生成中扮演的角色如下：

（1）推动系统形成。网络构建是创业生态系统形成的基础。创业者间的紧密联系和互动促进了资源的整合和信息的共享，为系统的形成提供了有力支撑。

（2）增强系统韧性。通过构建紧密的网络关系，创业生态系统能够更好地应对外部冲击和不确定性。网络中的多样性和互补性使得系统具有更强的适应性及韧性。

（3）促进创新活动。网络构建为创新创业活动提供了广阔的舞台。创业者之间的信息共享、资源互补和协同合作促进了新技术、新产品和新模式的不断涌现，推动了整个行业的创新发展。

（4）提升系统价值。通过构建高效的网络关系，创业生态系统能够实现价值的最大化。网络中的每个成员都可以从系统中获取所需的资源和支持，同时也为系统贡献自己的价值和力量。这种互利共赢的关系促进了系统整体价值的提升。

5.2.4　环境适应与演化机制

环境适应与演化机制是指创业生态系统在面对外部环境变化时，通过内部各主体的感知、信息交流、策略调整以及协同演化等方式，主动适应并推动系统整体发展的过程。这一机制使得创业生态系统能够灵活应对政策调整、市场波动等外部挑战，优化资源配置，促进创新与发展，从而保障系统的稳定性和持续性。简单来说，就是创业生态系统通过不断学习和调整，以适应外部环境变化并实现自我提升和发展的过程。

环境适应与演化机制的形成过程，一般要经历以下阶段：

（1）感知环境变化。创业生态系统中的各个主体，包括创业者、投资机构、科研机构、政府部门等，都会不断监测外部环境的变化。这些变化可能来源于政策调整、市场需求变动、技术进步等多个方面。

（2）信息交流与共享。系统内的主体通过正式或非正式的渠道进行信息交流与共享。这种交流不仅限于直接相关的主体之间，还可能通过第三方平台、行业协会等中介进行广泛传播。信息交流促进了主体对外部环境变化的共同认知。

（3）策略调整与响应。在感知到环境变化后，系统内各个主体会根据自身实际情况和市场反馈，对原有的策略和行为进行调整。例如，政策调整可能导致企业寻求新的融资渠道或调整产品定位；市场需求变动可能促使企业研发新产品或优化服务。

（4）协同演化。不同主体在适应环境变化的过程中会产生相互作用，形成协同演化的趋势。一个主体的策略调整可能会影响到其他主体，从而引发连锁反应，最终导致整个系统的结构和功能发生变化。

环境适应与演化机制对创业生态系统的积极作用如下：

（1）增强系统稳定性：环境适应与演化机制使创业生态系统能够灵活应对外部冲击和不确定性，增强系统的稳定性。通过及时调整策略和行为，系统能够减少因环境变化而带来的负面影响。

（2）促进创新与发展。环境变化往往带来新的机遇和挑战。创业生态系统内的主体通过适应环境变化，不断探索新的业务模式、产品和技术，从而推动系统的创新与发展。

（3）优化资源配置。环境适应与演化机制有助于优化创业生态系统内的资源配置。在环境变化的背景下，资源会向更具潜力和竞争优势的领域流动，提高了资源利用效率。

环境适应与演化机制在创业生态系统中所扮演的角色如下：

（1）保障系统持续发展。环境适应与演化机制是创业生态系统持续发展的重要保障。通过不断适应外部环境的变化，系统能够保持活力和竞争力，实现长期发展。

（2）促进系统结构优化。随着环境的变化和主体的策略调整，创业生态系统的结构也会不断优化。这种优化不仅体现在资源配置上，还表现在主体间的关系和互动模式上。

（3）推动系统创新与升级。环境适应与演化机制为创业生态系统的创新和升级提供了动力。通过不断探索新的业务模式、产品和技术，系统能够实现从传统到现代的跨越式发展。

5.2.5 文化机制

文化机制在创业生态系统中扮演着关键角色，对系统的生成、演化和发展产生了深远影响。文化机制不仅影响创业者的行为和决策，也塑造了整个生态系统的氛围和环境。文化机制在创业生态系统生成中的主要作用体现在以下几个方面：

5.2.5.1　创新文化与创业精神

（1）鼓励创新与风险承担。

1）创新驱动。创新文化是创业生态系统的核心，它鼓励企业和个人不断追求新技术、新产品和新服务。创新文化的存在使创业者敢于突破传统思维，尝试新事物，从而推动技术和商业模式的创新。

2）风险承担。创业活动本质上充满不确定性，因此，风险承担精神是创业成功的重要因素。一个鼓励冒险和试错的文化氛围能激发创业者的热情，使他们更愿意接受挑战并从失败中学习。硅谷就是一个典型的例子，其"失败是成功之母"的文化激励着创业者勇敢尝试。

3）实验精神。在一个开放的文化环境中，创业者被鼓励进行实验和创新。这种文化环境促进了快速原型设计和迭代开发，使创业者能够在失败中学习并快速调整方向。

（2）创业精神的塑造。

1）企业家精神。创业精神强调自我激励、创造性思维和持续的创新。企业家精神的普及能够增强个体的创业意愿，并提升创业活动的整体水平。

2）长期愿景与使命感。具有强烈使命感和愿景的文化能推动企业家设定长期目标，并坚持不懈地追求这些目标。这样的文化促进了企业的可持续发展和长期竞争力。

3）集体意识与合作精神。良好的创业文化提倡合作和团队意识，强调集体成功的重要性。这种文化能够加强团队凝聚力，提高企业的执行力和竞争力。

5.2.5.2 社会资本与信任机制

（1）社会资本的形成。

1）关系网络。社会资本是创业生态系统的重要组成部分，它通过关系网络（如家庭、朋友、商业伙伴）为创业者提供信息、资源和支持。一个强大的关系网络能够帮助创业者获取市场信息、融资渠道和技术支持。

2）信任关系。信任是社会资本的基础，良好的信任关系能够降低交易成本，提高合作效率。在一个高信任度的环境中，企业间的合作更加顺畅，风险投资者更愿意支持初创企业。

3）声誉效应。在创业生态系统中，声誉是重要的社会资本。良好的声誉能够帮助企业吸引投资、客户和人才，而不良的声誉可能导致商业机会的丧失。

（2）合作共赢的生态构建。

1）协同创新。信任和合作的文化能够促进企业间的协同创新，鼓励不同主体共同解决技术和市场难题。协同创新不仅能提高创新效率，还能推动产业链的共同发展。

2）资源共享。一个开放的文化环境提倡资源共享和知识共享，这有助于降低创业成本，提高资源利用效率。资源共享机制能使企业间实现互利共赢。

3）社区支持。创业社区是社会资本的重要体现，它为创业者提供交流、学习和合作的平台。创业社区通过组织活动、研讨会、创业大赛等形式促进创业者之间的互动和合作。

5.2.5.3 文化机制的影响

（1）系统生成阶段。

1）激发创业活力。第一，文化氛围的营造。在系统生成阶段，创新文化和创业精神能够激发个体的创业活力，推动更多人参与创业活动。通过教育和媒体的宣传，创业文化得到广泛传播，使更多人认识到创业的重要性和潜力。第二，支持环境的建立。政府和社会各界通过政策和舆论支持，营造良好的创业文化氛围。这种支持环境使创业者感到被认可和鼓励，从而增强创业信心。

2）降低创业壁垒。第一，风险容忍度提高。文化机制通过提高社会对创业失败的容忍度，降低了创业者的心理负担。这种宽容的文化环境使创业者更愿意冒险尝试，从而增加创业活动的数量和提高质量。第二，信息共享与资源流动。通过关系网络和信任机制，创业者更容易获取必要的市场信息和资源。这种信息共享和资源流动降低了创业者进入市场的门槛。

（2）系统演化阶段。

1）促进生态系统的多样性。第一，多样化的创新活动。文化机制鼓励多样化的创新活动，使生态系统内的企业和项目呈现出多样性。这种多样性有助于提高生态系统的适应能力和抗风险能力。第二，多元化的参与者。开放和包容的文化吸引了来自不同背景的创业者和投资者，他们带来了不同的视角和经验，丰富了生态系统的内涵。

2）推动技术和商业模式的演变。第一，技术创新的持续推动。文化机制通过激励持续创新和学习，使得生态系统内的技术不断演变和升级。技术创新不仅能提升企业竞争力，还能引领产业发展。第二，商业模式的创新。在演化阶段，企业通过不断调整和优化商业模式来适应市场变化和竞争压力。文化机制支持企业探索新模式，如平台经济、共享经济等。

（3）系统发展阶段。

1）增强系统的稳定性与可持续性。第一，信任机制的深化。在系统发展阶段，信任机制进一步深化，促进了企业间的长期合作与共赢。这种长期合作能够增强系统的稳定性和可持续性。第二，生态系统的协同效应。

文化机制通过促进各主体之间的协同作用，使生态系统整体效能得到提升。协同效应不仅提高了资源利用效率，还能推动系统的整体发展。

2）提升国际竞争力。第一，全球视野与国际合作。成熟的创业生态系统在文化机制的支持下，具备全球视野和国际合作的能力。企业通过参与国际市场竞争，提升了自身和生态系统的国际竞争力。第二，文化输出与影响力扩展。文化机制支持下的创业生态系统能够输出其成功经验和文化理念，对其他地区的生态系统发展产生积极影响。这种文化输出不仅扩大了生态系统的影响力，还能促进国际间的创新合作。

总体而言，文化机制在创业生态系统中发挥着重要的作用，通过鼓励创新和风险承担、增强社会资本与信任关系，促进了生态系统的生成、演化和发展。①在初始阶段，文化机制激发创业活力和支持环境的建立；②在演化阶段，推动技术和商业模式的多样化演变；③在发展阶段，增强系统的稳定性与可持续性，并提升国际竞争力。一个良好的创业文化和信任环境不仅能激励个体创业，还能为整个生态系统的健康发展提供有力支持。因此，政策制定者、教育机构、企业和社会各界需要共同努力，营造一个积极的创业文化环境，以促进创业生态系统的持续繁荣和发展。

5.3 新型创业生态系统的演化机理

随着全球经济的不断变革和科技的飞速发展，新型创业生态系统正在各个地区迅速崛起。与传统的创业生态系统相比，新型创业生态系统更具动态性、复杂性和自适应性。这种复杂性使得传统的线性发展模型难以解释其演化过程。因此，寻找一种更为系统和综合的理论框架成为研究这一领域的重要课题。

他组织和自组织理论为理解新型创业生态系统的演化提供了一个独特的视角。自组织理论强调系统在缺乏外部强制干预的情况下，通过内部各要素的相互作用，自发地形成有序结构或行为模式。这一理论特别适用于解释那些在高度不确定性和动态变化环境中，自我调节并不断适应的新兴系统。

在新型创业生态系统中，各种利益相关者（包括企业家、投资者、政府机构、科研机构和市场力量）通过复杂的相互作用，共同塑造了一个多样化且充满活力的创新环境。这种生态系统的演化往往不是由单一因素驱动的，而是多种因素相互作用的结果。在这种背景下，自组织理论可以帮助我们理解这些多样化力量如何协同作用，从而推动整个生态系统的演化。

本书研究的目的是基于他组织、自组织理论，探讨新型创业生态系统的演化机理。通过分析各利益相关者间的互动过程，以及这些互动如何促成新的系统行为模式的形成。我们期望能够揭示出新型创业生态系统中隐藏的动力机制，为相关政策制定者、企业家和研究人员提供有价值的见解。

5.3.1　他组织和自组织理论

他组织和自组织是管理学和系统理论中的两个重要概念，用于描述系统或组织如何产生结构和秩序。这两个理论在解释复杂系统（如企业、生态系统、社会组织等）的生成和演化过程时十分适用。

他组织（Hetero-organization）指系统的秩序和结构主要由外部力量驱动和塑造。这些外部力量可以是政策、法规、资本、文化和技术等外部环境因素。简单来说，他组织强调外部干预和控制对系统发展的影响。

他组织特点：①外部驱动力量。他组织中的系统依赖外部的指导和支持，这些外部力量为系统提供了发展方向和资源支持。例如，政府通过政策和法律为企业提供运营框架，投资者通过资本为企业提供资金支持。②计划与控制。他组织倾向于通过计划和控制实现目标。外部主体通常制定计划、设定目标并监控执行过程，以确保系统按预期运作。如企业的战略规划和市场监管政策是他组织机制的典型体现。③结构的明确性。系统的结构和层级通常是清晰明确的，由外部因素定义并保持。比如，在公司管理中，组织结构由高层管理制定，并通过层级制度进行维持。④依赖外部资源。他组织系统的运作往往依赖于外部资源的输入，如技术、资金、知识等。高度依赖外部资源使得系统对环境变化比较敏感，需要及时调整策略以应对外部变化。

自组织（Self-organization）指系统通过内部的自发互动和自我调整形成结构和秩序，而不依赖于外部的直接干预。自组织强调个体和子系统之间的相互作用，以及由此产生的系统整体行为。

自组织特点：①内部驱动力量。自组织依赖于系统内部个体或元素之间的互动和反馈，系统通过自我调整和演化形成结构和秩序。这种过程通常是自发的、动态的，且不需要外部指挥或控制。②自发性和非线性。自组织过程通常是自发的，具有非线性特征。个体的微小变化可能导致系统整体行为的巨大变化（即蝴蝶效应）。系统的整体行为往往不可预测，但具有一定的规律性和适应性。③自我调节与适应。自组织系统具有自我调节和适应环境变化的能力，能够在动态环境中维持自身的稳定性和功能性。系统通过反馈机制调整自身行为，以应对外部环境的变化。④去中心化和涌现现象。自组织系统通常是去中心化的，没有明确的领导或控制中心，整体秩序是通过个体间的局部互动而涌现的。系统的复杂行为和结构是在个体层次的简单规则和互动中自然涌现的。

在实际应用中，他组织和自组织往往相辅相成。系统的发展和演化通常是两种机制共同作用的结果。通过外部支持（他组织），可以为系统提供资源和指导，而内部的互动和自我调整（自组织）可推动系统的动态演化和创新。现实生活中有大量他组织和自组织共同发挥作用的案例。在企业创新活动中，企业在政府政策和资本市场的支持下，进行技术研发和市场开拓（他组织），同时通过内部的创新文化和团队合作，激发员工的创造力和自发创新（自组织）。在城市规划中，城市规划通过政府的政策指导和基础设施建设（他组织）为城市发展提供框架，而城市居民和企业的自发活动及互动则形成城市的活力和多样性（自组织）。

总体而言，他组织和自组织是系统生成和演化中的两个重要机制。通过理解和结合这两种机制，可以更好地设计和管理复杂系统，推动创新和发展。在现代企业管理、政府政策制定、社会组织发展等领域，两种机制的结合必不可少。它们不仅提供了资源和支持，还激发了内部的活力和创造力，推动了系统的持续进化和成功。

5.3.2　新型创业生态系统演化机理分析

创业生态系统是一个复杂的系统，它由多种相互关联的元素构成，包括企业、投资者、政府、教育机构、市场、技术和社会文化等。在这个系统中，他组织和自组织理论共同作用，推动其演化和发展。

5.3.2.1　他组织在创业生态系统中的表现及作用

（1）他组织在创业生态系统中的表现。

1）政府政策和监管。政府政策是新型创业生态系统中最重要的他组织因素之一。通过制定支持创新的政策、减免税收、提供创业补贴和融资支持，政府可以激励创新活动。此外，政府可以通过监管来规范市场行为，确保公平竞争和消费者保护。

2）教育和人才培养。教育体系在培养数字创业人才方面扮演着关键的角色。通过设立与数字技术相关的课程和专业，培养具有创新能力和技术技能的人才。政府和教育机构的合作能够确保人才的供应满足市场需求，从而支持生态系统的长远发展。

3）基础设施建设。高效的数字基础设施是新型创业生态系统发展的基石。政府和企业的投资和规划对基础设施（如互联网宽带、数据中心、物联网设备）的建设和升级至关重要。这些基础设施为数字创业提供了必要的技术支持和环境保障。

4）风险资本和金融支持。他组织理论强调金融机构和风险投资者在生态系统中的重要作用。通过为创业企业提供资金支持，帮助其渡过早期发展的资金难关。政府也可以通过设立创业基金或提供贷款担保，降低创业者的融资障碍。

5）法律和制度环境。法律和制度框架为新型创业生态系统提供了必要的制度保障。知识产权保护、数据隐私法律、商业合同执行等都是他组织因素，通过创造一个安全和可靠的商业环境，激励创新和创业活动。

（2）他组织在创业生态系统中的作用。他组织机制通过外部力量的干预和影响，推动创业生态系统的形成和发展。以下是几个关键的他组织要素及其在创业生态系统中的作用，如表5-3所示。

表5-3 新型创业生态系统中关键他组织要素及作用

关键他组织	作用
政策支持与法规	创业激励政策：政府可以通过提供税收优惠、补贴和其他激励措施来鼓励创业。这种政策支持为初创企业提供了更好的生存环境和资源 法规和标准：制定明确的法律法规和行业标准，以规范市场行为，维护公平竞争，保障创业者的权益

关键他组织	作用
资本与投资	风险资本：投资机构和风险投资者通过提供资金支持帮助初创企业渡过早期阶段的资金难关，并为其提供管理咨询和资源支持 天使投资：个人投资者通过天使投资为创业者提供资金和经验支持，帮助企业成长
教育与培训	创业教育：大学和研究机构提供创业教育和技术培训，为创业生态系统输送高素质的人才 创新孵化器：孵化器和加速器提供创业培训和指导，帮助初创企业从概念发展到市场化
基础设施建设	信息基础设施：高速互联网、数据中心和通信网络等基础设施是现代创业生态系统的基础 科技园区和孵化器：提供共享办公空间、研发设施和服务支持，降低初创企业的运营成本

5.3.2.2　自组织在创业生态系统中的表现及作用

（1）自组织在新型创业生态系统中的表现。在新型创业生态系统中，自组织表现为各种市场参与者在相对自由和开放的市场条件下，通过竞争、合作、信息共享等方式，自发地形成一个有序的生态环境。自组织在新型创业生态系统中具体表现在以下五个方面：

1）创新与创业的自发性。新型创业生态系统中的创新常常是自发的。企业家和创新者在观察市场需求和技术趋势的基础上，凭借灵感和创造力，开发新的产品和服务。这种创新行为并不是由外部机构直接指挥，而是内在动力驱动下的自发过程。

2）网络效应与平台生态。数字平台（如社交媒体、电子商务平台）通过网络效应自发地吸引用户和服务提供者，形成规模效应。例如，更多的用户吸引更多的开发者创建应用程序，而更多的应用程序又吸引更多的用户。这种自组织机制使得平台能够快速扩展和演化。

3）信息共享与知识溢出。在新型创业生态系统中，各个主体之间的信息共享和知识溢出是自组织的关键因素。技术论坛、黑客马拉松、创业孵化器等平台为创业者提供了一个自发交流和学习的环境，促进了新知识和新想法的生成与传播。

4）市场动态平衡。新型创业生态系统中的市场竞争和协作关系是动态变化的。企业家在资源获取、市场进入和技术应用方面的决策都是自组织的结果，通过市场反馈不断调整和优化。

5）文化与价值观的形成。创新文化和创业精神往往是生态系统内自发形成的结果。开放、协作、风险承受、快速迭代等价值观通过社群互动自然传播，成为生态系统的内在驱动力。

（2）自组织在创业生态系统中的作用。自组织机制通过系统内部各个元素的自发互动和协作，推动创业生态系统的动态演化。关键的自组织要素及其在创业生态系统中的作用如表5-4所示。

表5-4　新型创业生态系统中关键自组织要素及作用

关键自组织	作用
创新文化与创业精神	创新文化：创业生态系统中的企业和个人通过鼓励创新和尝试，激发创造力和创业精神 创业社区：创业者之间形成的社区和网络，促进经验分享和资源共享，推动创新和协作
社交网络与信息流动	信息共享：创业生态系统内的企业、投资者和学术机构之间通过社交网络进行信息共享和协作 知识扩散：社交网络促进了知识和技术的扩散，推动了整个生态系统的创新能力
市场机制与反馈调节	供需关系：市场机制通过供需关系调节资源分配，推动企业不断优化产品和服务 客户反馈：客户的反馈和市场竞争促使企业进行自我调整和创新，以提高竞争力
多样性与协同作用	行业多样性：生态系统中的多样性（如行业、技能、背景）带来不同的视角和创新动力 协同创新：不同领域的企业和个人通过协同合作，产生新的创新和商业机会

5.3.2.3　自组织和他组织的交互作用

在创业生态系统中，他组织和自组织机制交互作用，共同推动系统的演化和发展。这种相互作用的动态平衡是创业生态系统持续成长的关键。

（1）自组织与他组织的互动方式。

1）他组织支持自组织。外部支持激发内部活力。政府政策和资本市场的支持为企业提供了资源和环境，使得企业能够专注于创新和自我发展。教育和基础设施的完善为人才和技术创新提供了基础条件，促进了自组织机制的活跃。典型案例如德国的工业 4.0。德国政府通过政策支持和资金投入推动工业 4.0 发展，同时鼓励企业和研究机构的自发创新，形成了一个具有高度竞争力的工业生态系统。

2）自组织推动他组织优化。创新驱动政策调整。创业生态系统内的创新活动和市场需求推动政府和投资者调整政策和资源配置，以更好地支持创新和发展。自组织的成功案例和经验反馈为他组织提供了决策依据，优化政策和战略。典型案例如深圳的创新政策。深圳通过观察本地企业的创新实践和市场需求，不断调整政策和规划，以支持科技创新和创业发展。

（2）他组织与自组织互动的具体表现。

1）政策与市场的协同共振。政府政策可以引导市场发展方向，但市场的自组织行为也会对政策产生反馈。例如，当政府出台支持某一技术领域的政策时，市场可能会迅速响应，增加对该领域的投资和创业活动。而市场的快速变化也可能促使政府调整政策，以适应新的经济形势。

2）创新生态与监管环境的平衡。在创新和监管之间需要保持平衡。过度监管可能抑制创新活动，而监管不足又可能导致市场失灵和社会问题。通过他组织的合理设计，可以为自组织的创新活动提供一个安全的试验场，使创新与监管达到动态平衡。

3）文化与制度的协同发展。创新文化的自组织形成可以激励更多的创业行为，而制度环境的优化又能够支持和保护这种文化的成长。例如，一个开放和包容的制度环境可以鼓励更多的国际人才和企业进入本地市场，从而丰富生态系统的多样性。

4）技术平台与政策支持的协同。技术平台作为自组织生态系统的重要组成部分，其发展需要政策的支持。例如，云计算、大数据等新技术平台的发展，离不开政府在标准制定、知识产权保护和市场准入方面的支持。这种协同关系促进了技术平台的创新和扩展。

5.3.2.4　创业生态系统演化实际案例分析

以自组织、他组织理论为基础，分析深圳和美国硅谷两个城市的创业生态系统，如表5-5所示。

表5-5　自组织和他组织理论视角下深圳、美国硅谷创业生态系统发展过程

理论	美国硅谷	深圳
自组织机制	创新文化：硅谷拥有开放、包容和风险容忍的文化，吸引了大量的创业者和创新者 网络效应：硅谷的科技公司和人才高度集中，形成了强大的网络效应，促进了知识的快速传播和共享	创新氛围：深圳以其开放和创新的环境吸引了大量的科技公司和人才 创客文化：深圳的创客空间为创新者提供了一个实验和交流的平台，促进了创新活动的自组织
他组织机制	政府支持：美国政府在科技研发、风险投资和政策支持方面给予了强有力的支持 教育资源：斯坦福大学、加州大学伯克利分校等顶尖学府为硅谷输送了大批高素质人才	政府政策：深圳政府在税收、土地、资金等方面提供了优惠政策，支持企业的创新和发展 基础设施：深圳在数字基础设施上的投资为创业企业提供了良好的发展环境
互动关系	政策与市场共振：硅谷的快速发展影响了政府政策的调整，如放宽签证政策以吸引国际科技人才 文化与制度的相互促进：硅谷的成功经验成为其他地区仿效的对象，促进了全球范围内的制度创新	政策与市场共振：深圳的快速崛起引发了全国范围内对创新创业的重视和支持 技术平台与政策支持的协同：深圳的电子信息产业发展得益于政府在技术标准和市场准入方面的支持

新型创业生态系统的演化是一个复杂的动态过程，自组织和他组织两种机制在其中扮演着不可或缺的角色。自组织通过市场主体的自主创新和互动，形成系统内在的演化动力；他组织通过外部政策、法律和制度的引导，为生态系统提供了必要的支持和保障。两者之间的互动，不仅决定了生态系统的健康发展，也影响着创新的方向和速度。

通过对硅谷和深圳的分析，我们可以看到自组织和他组织如何在不同的历史和文化背景下，推动新型创业生态系统的成长。未来，随着技术的不断进步和全球化的加深，理解和利用两种机制的互动关系，将有助于各国更好地培育和发展本地的新型创业生态系统，实现经济的持续创新和增长。

5.4　本章小结

本章详细介绍了新型创业生态系统的演化机理，包括其演化过程的具体阶段（发展阶段、成熟阶段）、演化驱动机制以及自组织、他组织理论视角下的演化机理。

第6章 新型创业生态系统的构建策略

结合新型创业生态系统的发展演化机理，本书认为我们可从以下方面培育和促进其发展，以更好地为我国创新创业活动服务，为我国经济社会高质量发展提供新的动力源泉。

6.1 完善创业资源汇集机制

新型创业生态系统，不仅需要数字技术、数字经济、数字基础设施、数字消费的支撑和驱动，更需要多种创业资源的融合和汇聚。两者有机结合，才能让新型创业生态系统的服务功能不断涌现。具体而言，地方政府应积极整合和汇聚以下创业资源。

6.1.1 金融资源

创业资金与创业者是创业生态系统中的两个基本构成要素，两者相互吸引，共同驱动着系统演化与发展。而资金短缺问题是绝大多数创业者在创业过程中面临的最大问题。要构建完善的新型创业生态系统，政府必须积极汇聚金融资源，帮助创业者解决"创业资金"问题。为此，政府可以尝试采取以下措施：

6.1.1.1　设立创业基金

政府可以设立专门的创业基金，为初创企业提供种子资金、早期投资和成长阶段的资金支持。这样的基金可以由政府主导，也可以与私人资本合作，形成混合所有制基金。在这方面，国内外已经有很多成功案例。比如，深圳市政府设立了"深圳市创新创业基金"，通过专项资金支持初创企业的发展。自 2014 年成立以来，深圳创新创业基金已经投资了超过 200 个项目，总投资金额超过 50 亿元。这些资金主要投向高新技术企业和战略性新兴产业，显著提升了深圳的创新能力和创业氛围。此外，法国政府设立的"法国科技种子基金"（French Tech Seed Fund），通过提供风险投资，也极大地支持了初创企业的早期发展。

6.1.1.2　设立中小企业专项扶助资金和风险投资基金

为了支持中小企业的发展，政府可以设立中小企业专项扶助资金和风险投资基金。这些资金和基金可以通过遴选有发展潜力、急需创业资金的中小企业，给予其资金支持，帮助它们尽快过渡到成熟的商业模式中，从而提升区域经济的整体活力和创新能力。

6.1.1.3　贷款担保和补贴

为初创企业提供贷款担保，降低银行贷款的风险。同时，可以提供贷款利息补贴，降低企业的融资成本。美国小企业管理局（SBA）的"7（a）贷款计划"通过担保一部分贷款金额，帮助小企业获得更大额度的贷款。此外，德国的 KfW 银行集团提供低息贷款和贷款利息补贴，帮助初创企业降低融资成本。北京市政府通过"北京市科技金融专项资金"计划，为初创企业提供贷款担保和贴息支持。2020 年，北京市政府向近 200 家科技型中小企业提供了总额超过 10 亿元的贷款担保，并对部分贷款进行利息补贴。这些措施降低了初创企业的融资成本，并帮助它们更快速地成长。

6.1.1.4　创新券和补助

向初创企业提供创新券或直接补助，用于技术研发、市场推广和人才招聘等方面，减轻企业的资金压力。上海市政府推出的"上海市科技创新券"计划，通过提供创新券，支持企业与科研机构合作进行技术研发。自 2016 年启动以来，该计划每年发放超过 1 亿元的创新券，支持数百家中小企业的创新项目。这些创新券大大减轻了企业的研发成本，鼓励更多企业投入创新活动。爱尔兰的"创新券计划"（Innovation Voucher Program）是一个很好的例子。政府向中小企业提供价值 5000 欧元的创新券，用于支付与大学和研究机构合作进行的研发项目费用。这种创新券降低了企业的研发成本，鼓励更多企业进行创新活动。

6.1.1.5　完善和发展中小企业信用担保制度

完善和发展中小企业信用担保制度是促进中小企业融资的重要举措。政府可以通过设立专项信用担保基金，降低银行和其他金融机构向中小企业提供贷款的风险。例如，中国的国家融资担保基金成立于 2018 年，旨在为中小企业提供融资担保服务。截至 2021 年底，该基金已累计为超过 100 万家中小企业提供了超过 2 万亿元的贷款担保，有效缓解了中小企业融资难题。

6.1.1.6　鼓励银行等金融机构为中小企业提供融资贷款服务

在信用担保制度的基础上，政府应积极鼓励银行和其他金融机构为中小企业提供融资贷款服务。可以通过政策引导、财政补贴和监管激励等手段，推动金融机构加大对中小企业的信贷支持力度。例如，中国工商银行推出的"普惠金融"服务，专门针对中小企业提供低息贷款和简化的贷款审批流程，帮助中小企业获得所需资金。

6.1.1.7 积极引进大型投资机构、天使投资人和创业孵化机构

政府应积极引进大型投资机构、天使投资人和创业孵化机构入驻本地区。大型投资机构和天使投资人可以为中小企业提供资金支持、战略指导和资源整合，帮助企业快速成长。例如，北京中关村作为中国最具代表性的科技创新中心，吸引了大量国内外知名投资机构和天使投资人，在这里设立了投资基金和创业孵化平台。

此外，政府可以改进相关政策，促进区域投资金融发展。比如，推出税收优惠和激励政策。政府可以为投资初创企业的投资者、天使投资人和风投公司提供税收减免或抵扣。这不仅能吸引更多的资本进入创业领域，还能激励现有投资者增加投资。同时，政府可以通过简化贷款和投资审批流程，降低创业者获取资金的难度和成本，提高资金流动的效率。政府还可以设立一站式服务窗口，为创业企业提供从注册到融资的全流程服务。

6.1.2 技术创新资源

技术是创业机会和商业创新的核心源头，只有汇聚大量技术资源，才能为创业活动提供不竭的发展动力。为了实现这一目标，政府应从以下方面积极推动科技创新和创业活动的融合发展。

6.1.2.1 支持研究型大学、科研机构和企业科研院的发展和创新

政府应积极支持区域内的研究型大学、科研机构和企业科研院的发展和创新，以培育良好的科技创新环境。可以通过设立专项资金、提供科研设备和实验室设施、鼓励产学研合作等方式，提升科研能力。例如，北京

市政府在中关村科技园区设立了多所重点实验室和研究中心，吸引了众多顶尖科研人员和团队入驻，形成了强大的科技创新集群效应。

6.1.2.2 制定科技创新政策

政府可以制定一系列科技创新政策，鼓励企业加大对科技研发的投入，提高科技创新能力，促进科技发展。这些政策包括税收优惠、研发补贴、人才引进计划等。例如，深圳市政府通过"深圳市科技创新专项资金"，每年拨款数十亿元支持企业的科技研发活动，并提供高达30%的研发费用补贴，极大地激励了企业的创新热情。

6.1.2.3 搭建科技创新平台

政府可以搭建科技创新平台，提供科技研发的基础设施和支持，以吸引更多的科技资源汇聚，促进科技发展。科技创新平台包括科技园区、创新中心、孵化器和加速器等。例如，上海市政府在张江高科技园区建立了多个科技创新平台，为企业和科研机构提供全方位的创新支持。

6.1.2.4 加强国际科研合作

政府可以加强与国际社会的科技合作，引进国外先进的科技资源，促进本国科技发展。这可以通过国际科技合作项目、联合实验室、国际学术交流等方式实现。例如，江苏省政府与德国弗劳恩霍夫协会合作，建立了中德智能制造联合研究院，并引进德国先进的智能制造技术和管理经验，提升本地企业的技术水平。

6.1.2.5 提供良好的创新环境

政府可以提供良好的创新环境，包括创新政策、创新文化和创新服务等，以吸引更多的科技人才和企业来到本地区，促进本地区科技发展。例如，杭州市政府通过制定一系列支持创新创业的政策，如"杭州市创新创业专项资金"，营造浓厚的创新文化氛围，吸引了大量创新企业和科技人才落户。

6.1.2.6　加强科技资金支持

政府可以加强对科技研发的资金支持，提高科技研发的投入，促进科技发展。可以通过设立科技专项资金、提供研发补贴和贷款支持等方式，解决企业在科技研发过程中遇到的资金问题。例如，广东省政府设立的"广东省科技专项资金"，每年拨款数十亿元用于支持科技创新项目，涵盖了人工智能、新能源、生物医药等多个领域。

6.1.2.7　加速科研成果转化

地方政府应主动牵头，设立专业性或综合性创业孵化基地，推动科研专利从实验室走向生产线，同时，鼓励科研技术人员以技术成果创建或入股企业。例如，天津市政府在滨海新区设立了"天津市科技创新孵化基地"，为科研人员和创业者提供全方位的孵化服务，促进科研成果的转化和商业化。

6.1.2.8　构建协同创新平台

在高校与企业、政府等相关机构间构建紧密合作的创新平台，充分利用企业的实践资源，为学生提供真实的创业环境；政府提供政策支持和市场导向，为高校创新创业教育提供稳定的保障。例如，成都市政府与四川大学合作，建立了"川大—成都创新创业平台"，通过校企合作、产学研结合，促进科技成果的转化和应用。

6.1.2.9　不断完善和发展知识产权保护法律制度

政府应不断完善和发展知识产权保护法律制度，切实保护以技术创新为核心的中小企业权益，营造良好的科技创新氛围。可以通过加强知识产权保护的法律法规建设、提升知识产权执法力度、提供知识产权保护咨询服务等措施，确保中小企业的创新成果得到有效保护。

通过积极支持研究型大学、科研机构和企业科研院的发展和创新，制定科技创新政策，搭建科技创新平台，加强国际合作，提供良好的创新环境，并加强科技资金支持，加速科研成果转化，构建协同创新平台，不断完善和发展知识产权保护法律制度，政府可以有效推动科技资源的汇聚和创业活动的发展。

6.2 培育和吸引创新型人才

创业活动是一项具有典型创新性的实践活动，创业者只有具备创新、冒险两大精神才有可能实现创业成功。要培育和构建新型创业生态系统，必须有源源不断的创新型实践人才支持。为此，我国政府可以从两方面入手：一是自主培育本地创新型人才；二是吸引外部创新型人才来本地创业。具体两方面措施如下。

6.2.1 培育本地创新创业人才

区域内高校、科研机构应不断加强创新创业教育，通过与创业孵化器、创业加速器等机构合作，提升学生创业实践能力，培育出真正具有创新创业能力的优秀人才。

6.2.1.1 建立人才培养计划

政府应制定具体的创新创业人才培养计划，包括明确的培养目标、培养方式以及投入资源的规划。例如，上海市在"双创计划"框架下，设立了"双创人才培育专项资金"，用于支持高校和科研机构开展创新创业人才培养项目，确保人才的全面提升和实际能力的培养。

6.2.1.2 提供系统的创业培训

政府可以建立多层次、多形式的创新创业人才培训体系，涵盖从创业知识、创业技能到市场分析等全方位内容。例如，北京市通过建立"北京创业导师团"，为创新创业人才提供系统化的导师培训和指导服务，帮助其在创业过程中更好地应对各种挑战。

6.2.1.3 搭建实践平台

政府应积极支持创新创业实践平台的建设，如创业孵化器、创业园区等，为人才提供充足的实践机会和资源支持。例如，深圳南山区设立了多个高科技创业园区，提供了免费办公空间、技术支持和市场推广服务，为创业者创造了良好的发展环境。

6.2.1.4 举办创业大赛

政府可以定期举办各类创业大赛，如"互联网+"大赛、科技创新大赛等，为创新创业人才提供展示和交流的平台。这不仅可以激发创业热情，还能为优秀创业项目提供资金和资源支持。例如，广州每年举办的"广州创新创业大赛"，吸引了大量优秀创业团队参与，推动了本地区创新创业的蓬勃发展。

6.2.1.5 加强导师指导

政府应积极邀请有丰富创业经验的导师，如成功创业家、投资人等，为创新创业人才提供个性化的指导和支持。例如，杭州市政府通过"杭州导师计划"，邀请了一批资深企业家和行业专家，为创业者提供指导和资源对接，促进了创新创业项目的快速成长。

6.2.1.6 营造良好的创新创业氛围

政府在推动创新创业发展过程中，应积极营造良好的创新创业氛围，包括创建鼓励创新的文化和开放的政策环境，以及支持创业精神和实验精神的文化氛围。例如，成都市政府通过推广"成都创业故事"活动，宣传和分享成功创业者的故事，激励更多人投身创新创业，形成了浓厚的创新创业氛围。

通过建立人才培养计划、提供系统培训、搭建实践平台、举办创业大赛、加强导师指导和营造良好的创新创业氛围等措施，政府可以有效地培育本地创新创业人才，推动创新创业活动的蓬勃发展。这些举措不仅有助于提升创业者的实践能力和成功率，也为区域经济的创新驱动提供了强有力的支持和保障。

6.2.2 吸引外部优秀的创新型人才

吸引外部优秀的创新型人才对于地方政府来说，是促进新型创业生态系统发展的重要战略之一。以下是政府可以采取的详细措施和策略，分层次地论述如何有效吸引和留住国际科创人才。

6.2.2.1 制定更优惠的人才支持政策

一方面，政府可以尝试减免优秀个人所得税以及企业所得税优惠。政府可以通过给予优秀创新型人才在个人所得税和企业所得税方面的优惠政策，降低他们的生活成本和创业成本。例如，上海张江高科技园区设立了税收优惠政策，吸引了大量海外人才和企业入驻。另一方面，政府可以提供住房补贴和人才公寓。建立人才公寓、提供住房补贴等制度，为外部优秀人才提供高质量的居住条件。例如，北京中关村科技园区设立了人才公寓项目，为引进的高层次人才提供便利的住宿条件，增强了他们的生活舒适度和安全感。

6.2.2.2 加强与高校等科研机构合作

政府可以与高等教育机构合作，建立科技园区和技术转移中心，为外部人才提供更多的实践和技术转化机会。例如，深圳南山科技园区设立了多个技术转移中心，有效促进了科技成果的商业化和产业化。

6.2.2.3 组织人才交流活动

政府可以定期组织海外人才招聘会和高层次人才洽谈会，为外部优秀人才提供展示和交流的平台。例如，广州每年举办的"粤港澳大湾区人才交流大会"，吸引了全球范围内的高层次人才参与，促进了区域科技创新和产业发展。

6.2.2.4 加大科研经费和科技创新投入

政府应该加大科研经费的投入，支持外部优秀人才开展创新研究。例如，杭州通过设立"科技创新引导基金"，支持外部研究团队和个人在本地区进行前沿科技研究和技术创新。

6.2.2.5 建立科技创新平台

政府可以建立开放式的科技创新平台，为外部优秀人才提供允分的科研设施和资源支持。例如，苏州工业园区在"创新中心"项目中，设立了开放的实验室和研究设施，吸引众多国际科技领域的顶尖人才加入创新团队。

6.2.2.6 提供良好的创新创业环境

一是文化和政策环境的营造。政府需要营造开放、包容的文化氛围和创新创业政策环境，为外部优秀人才提供更好的发展平台和创业机会。例如，成都在政策上推出了"一事一审、一事一报、一事一决"等便民措施，简化了外部人才创业的政策流程和办理时间。二是实施策略的监测和评估。政府应设立专门的机构或委员会，负责监测和评估各项引才政策的执行效果和社会效益，及时调整和优化政策措施，确保吸引外部优秀创新型人才的长期和持续性。

通过以上综合的政策和措施，政府可以有效地吸引和留住外部优秀的创新型人才，为本地区的创业生态系统注入新的活力和动力，推动经济结构的转型升级，实现可持续发展的目标。这些措施不仅能够促进科技创新和产业发展，还能够提升本地区的国际竞争力和影响力，为全球化时代下的地方经济发展奠定坚实的基础。

6.3　构建良好的创业文化

良好的创业文化环境，是激发创业热情、孕育创业机会、促进创业成功的关键。政府作为公共政策的制定者和执行者，在培育区域创业文化中扮演着举足轻重的角色。为培育良好的区域创业文化，政府应在以下几方面采取措施：

6.3.1　出台优惠政策，构建创业生态文化基础

政府应出台一系列支持创业的优惠政策，为创业者提供有力的政策保障。这些政策应涵盖高科技企业扶持、创业人才支持、创业资金支持、政府行政服务等方面，以全面满足创业者在不同阶段、不同领域的需求。例如，对于高科技企业，政府可以提供研发资助、税收减免等优惠政策；对于创业人才，可以设立人才引进计划，提供住房补贴、子女教育等福利；对于创业资金，可以设立创业投资基金，为初创企业提供资金支持；对于政府行政服务，可以简化注册流程、提高审批效率，为创业者提供便捷的服务。

同时，政府应加大这些优惠政策的宣传力度，确保政策能够惠及更多的创业者。可以借助电视、广播、报纸等传统媒体，以及互联网、社交媒

体等新媒体平台，广泛宣传创新创业优惠政策，让更多的人了解政策、用好政策。特别是要针对青年群体进行重点宣传，因为他们是创业活动的主力军，对他们的宣传和教育将直接影响到未来创业文化的形成及发展。

6.3.2　加强正面叙事，弘扬企业家精神

政府应积极宣传企业家精神和企业家创业历程，通过正面叙事引导社会公众科学认识和接纳创业行为。可以借助大众传媒，如电视、电影、纪录片等形式，展示企业家的奋斗历程和创业成果，让更多的人了解创业的艰辛和乐趣。同时，政府可以组织企业家进行公开演讲、分享会等活动，让他们亲自讲述自己的创业经历和经验，激励更多的人投身创业。

在宣传企业家精神的同时，政府还要引导舆论，改变人们对创业失败的看法。创业是一个充满风险的过程，失败在所难免。政府应该营造一个宽容失败的社会环境，让创业者敢于尝试、敢于创新。可以通过宣传成功案例和失败后的再起案例，让人们看到创业失败并不是终点，而是通往成功的一个重要环节。

6.3.3　加大创业信息和活动宣传力度

政府应加大创业信息和活动的宣传力度，让创业活动更加贴近社会大众。可以通过举办创业论坛、创业讲座、创业展览等活动，让创业者和社会大众有更多的交流和互动机会。同时，大众媒体应主动增加对创业新闻和创业信息的宣传报道，让更多的人了解创业动态、掌握创业机会。

部分有影响的电视媒体可以通过直播、录播等方式向大众展示创业路演等不涉及商业机密的活动。这种直观、生动的展示方式可以让社会大众更加深入地了解创业过程，感受创业的魅力和挑战。通过这些活动和宣传，

可以激发社会大众的创业热情和意愿，推动更多的人投身创业。

6.3.4 举办创业竞赛，培育社会创业氛围

政府应从官方层面举办各类高规格的创新创业比赛，鼓励中小企业和创业者积极参与。通过比赛的形式，选拔出具有技术创新和商业模式创新的企业及项目，并给予它们扶持和资助。这种比赛不仅可以激发创业者的创新精神和竞争意识，还可以让社会大众更加关注创业、参与创业。

在举办创业竞赛的过程中，政府可以邀请知名企业家、投资人、专家学者等作为评委或嘉宾，为参赛者提供宝贵的建议和指导。同时，政府可以通过媒体对比赛进行广泛宣传，让更多的人了解比赛、关注比赛，从而在区域内营造出良好的创业文化氛围。

6.3.5 激活高校创新创业文化

高校是创新创业活动的重要后备力量，政府应积极在高校培育创新创业文化。可通过设立创新创业课程、建立创新创业实践基地、举办创新创业大赛等方式，激发在校大学生的创新创业热情。同时，政府可以与高校合作，共同开展创新创业研究项目，为大学生提供更多的创新创业机会和资源。

在激活高校创新创业文化的过程中，政府应注重培养大学生的创新创业意识和能力。可通过开展创新创业培训、提供创新创业指导等方式，帮助大学生掌握创新创业的基本知识和技能。同时，政府可以鼓励大学生将创新创业成果转化为实际项目或企业，为他们提供资金支持和政策扶持。

6.3.6 加强国际合作，引进国外先进创业文化

政府可以加强国际合作，与国外先进的创业文化进行交流和引进。可

通过举办国际创业论坛、创业交流活动等，邀请国外的成功企业家、投资人等来华分享他们的创业经验和故事，激发国内创业者的创新精神和国际视野。同时，政府应鼓励国内的创业者参与国际创业竞赛或项目等，让他们在国际舞台上展示自己的才华和实力。

6.4　积极发展数字消费

发展数字消费，构建新型创业生态系统，需要从宏观与微观两个层面综合施策，以全面激发数字消费活力，推动经济高质量发展。

6.4.1　宏观政策层面

（1）加强数字基础设施建设。加快 5G、千兆光纤等网络建设，提高网络覆盖率和传输速度，为数字消费提供坚实的网络基础；完善物联网、云计算等新型基础设施，推动数据资源的高效利用和共享。

（2）推动企业数字化转型。积极推动快消品、智能电子产品等消费品牌企业数字化转型，构建数字化协同闭环链条，提升企业整体数字化运营和管理水平。

（3）支持直播电商平台发展。依托产业联盟或行业协会，建设直播电商人才培育基地，优化直播电商服务机构，推动电商主播、直播机构、商业品牌生态化发展；适时推出相关法律法规，严厉打击不法商业行为，规范直播电商市场秩序。

（4）推进跨境直播电商创新发展。借助"一带一路"建设以及 RCEP

合作机制，搭建直播电商平台，鼓励企业借助直播平台拓展海外市场。

（5）提升数字内容服务供给能力。支持企业开展数字技术创新，推动数字基础设施与多元应用场景融合，如沉浸式电竞体验、VR购物、AR试穿等；借助5G+8K超清直播技术，推动互动综艺、影视以及短视频等文化产品的创新传播。

6.4.2 微观政策层面

（1）培育新型消费业态和模式。

1）支持直播电商、即时零售等新业态发展。出台相关政策措施，支持直播电商、即时零售等新业态的健康发展；加强行业监管，规范市场秩序，保障消费者权益。

2）打造数实融合消费新场景。鼓励企业利用数字技术赋能传统商业，打造线上线下融合的消费新场景；支持智能家居、智慧医疗等新兴消费业态的发展，提升消费体验。

（2）提升数字消费供给质量。

1）推动数字产品和服务创新。鼓励企业加大研发投入，推动数字产品和服务的创新。

2）支持企业开发符合市场需求、具有竞争力的数字产品和服务。

（3）加强品牌建设和质量监管。

1）引导企业加强品牌建设，提升数字消费品牌的影响力和美誉度。

2）加强质量监管，确保数字产品和服务的质量和安全。

（4）激发数字消费需求。

1）开展丰富多彩的促消费活动。围绕数字消费主题，开展全国性的促消费活动，如"全国网上年货节""双品网购节"等；支持各地因地制宜开展系列配套活动，激发消费者的购买热情。

2）提升消费者数字化素养。加强消费者数字化素养教育，提高消费者对数字产品和服务的认知和使用能力；通过宣传引导、培训等方式，帮助消费者更好地享受数字消费带来的便利和乐趣。

（5）优化数字消费环境。

1）完善法律法规体系。加强数字消费领域的法律法规建设，明确交易双方的权利和义务；加大对虚假宣传、侵犯消费者权益等违法行为的打击力度。

2）加强信用体系建设。推进数字消费信用体系建设，利用数字技术优化信用服务功能；加强对数字消费信用领域不良行为的监管和打击力度，营造诚信的消费环境。

（6）推动区域协调发展。

1）促进城乡数字消费均衡发展。加大对农村地区的数字基础设施建设投入力度，缩小城乡数字鸿沟；支持农村电商发展，推动农产品上行和工业品下行双向流通。

2）推动区域数字消费中心建设。支持有条件的地区建设数字消费中心或示范区，发挥示范引领作用；加强区域间的合作与交流，推动数字消费资源的共享和优化配置。

6.5　加快建设数字网络基础设施

推动数字网络基础设施建设对于地方政府来说是至关重要的战略举措，可通过以下具体措施来加快建设步伐。

（1）加强顶层设计与规划。

1）制定地方数字基础设施发展规划。地方政府应依据国家层面的宏观发展规划，结合本地实际情况，制定具有地方特色的数字基础设施发展规划。明确发展目标、主要任务、责任主体和年度实施计划，确保数字基础设施建设的有序进行。

2）建立跨部门协调机制。成立由地方政府主导，通信、工信、发改等多个部门参与的协调工作组，负责规划的实施、监督和评估，确保各部门之间的有效沟通和协作。

（2）加速核心技术基础设施建设。

1）推进骨干网扩容与升级。地方政府应加大对骨干网的投入，推进其扩容与升级工作，提高数据传输能力和稳定性，满足日益增长的数据需求。

2）加快千兆光纤和5G网络布局。制定具体的千兆光纤和5G网络建设时间表，优先在重点区域、产业园区、商业中心等布局，并逐步向全市（省）范围推广。

3）鼓励技术创新与研发。地方政府可通过提供资金支持、税收优惠等政策措施，鼓励本地企业和科研机构进行数字技术的创新与研发，特别是5G及后续通信技术的预研。

（3）融合社会应用需求，推动数字网络全面覆盖。

1）构建行业物联网平台。地方政府应引导和支持工业、农业、公共服务、应急管理等领域构建物联网平台，推动数字化转型和智能化升级。

2）拓展数字网络应用场景。鼓励企业和机构探索数字网络在智慧城市、智慧交通、智慧医疗等领域的应用创新，形成一批具有示范效应的典型案例。

3）提升数字网络接入能力。针对不同地区、不同行业的实际需求，制定差异化的数字网络接入策略，提高固移融合、宽窄结合的网络接入能力和承载能力。

（4）优化政策环境与服务支持。

1）出台优惠政策。地方政府可以出台一系列优惠政策，如土地供应、税收减免、资金补贴等，吸引更多企业和资本投入数字基础设施建设。

2）提供一站式服务。建立数字基础设施建设的一站式服务平台，为企业提供项目申报、审批、建设等全流程服务，简化办事程序，提高效率。

3）加强人才培养与引进。地方政府应加大对数字基础设施相关领域人才的培养和引进力度，为数字基础设施建设提供坚实的人才支撑。

总体而言，地方政府在推动数字网络基础设施建设方面应采取多项具体措施，从顶层设计与规划、核心技术基础设施建设、社会应用需求融合以及政策环境与服务支持等层面入手，共同推动数字网络基础设施的快速发展和完善。

6.6　规范数据交易市场，培育和壮大数据服务产业

（1）政策引导与标准体系建设。

1）探索数据共享与开放标准。地方政府应积极响应国家政策，结合本地实际，探索制定面向业务的数据共享、交换、协作和开放的地方性标准，促进数据管理的规范化；鼓励行业协会、企业等参与标准制定，确保标准的实用性和可操作性。

2）提升数据管理水平。地方政府可以举办数据管理培训、研讨会等活动，提升本地企业和机构的数据管理能力；推广先进的数据管理技术和工具，鼓励企业采用现代化的数据管理手段。

（2）市场规则构建与治理体系完善。

1）加快数据交易市场规则构建。地方政府应研究制定数据交易市场的准入、交易、退出等规则，确保市场公平、透明；建立数据交易市场的监管机制，对市场行为进行监督和指导。

2）培育市场主体。鼓励本地企业参与数据交易市场，提供政策支持和资金扶持；引进国内外优秀的数据服务企业，丰富市场主体类型。

3）完善治理体系。建立跨部门的数据交易市场监管协调机制，确保监管的一致性和有效性；加强与行业协会、企业等的沟通合作，共同维护市场秩序。

（3）数据资产定价体系与市场秩序营造。

1）加强数据资产定价理论研究。地方政府可以资助科研机构、高校等开展数据资产定价理论的研究工作；鼓励企业参与数据资产定价的实践探索，形成定价经验的积累。

2）实践创新与定价体系完善。结合本地实际，逐步完善数据资产定价体系，确保定价的合理性和公正性；推广先进的定价模型和方法，提高数据交易的效率。

3）规范数据交易平台与主体。加强对数据交易平台的监管，确保其合规运营；对数据交易主体进行资质审核和信用评估，维护市场秩序。

（4）立法与政策支持。

1）推动数据市场立法工作。地方政府应积极配合国家层面的立法工作，结合本地实际制定地方性法规；明确数据采集、标注、脱敏、脱密、分析等环节的法律要求和责任。

2）支持合规采集与打击非法行为。提供政策支持和资金扶持，鼓励数据服务企业依法合规采集数据；严厉打击非法的数据采集、交易行为，维护市场的公平竞争环境。

6.7　推动高校创新创业发展

高校，是社会创新的重要策源地，也是创新创业人才培育的关键力量。要构建完善的新型创业生态系统，高校必须主动承担自身的教育、科研创新作用，充分发挥自身在促进创新创业发展方面的优势。具体而言，可采取以卜措施，推动高校创新创业发展，以为社会数字化创业发展培育和储备更多后备力量。

（1）从制度、载体、方法、服务创新等方面着力构建创新创业教育新体系。当务之急，应修订人才培养方案，使创新精神、创业意识和创新创业能力成为人才培养质量的重要指标；实施毕业生就业和重点产业人才供需年度报告制度，建立创新创业学分积累与转换制度、专职教师到行业企业挂职锻炼制度，并改革学籍管理制度等。要建立跨院系、跨学科专业的交叉培养机制，高校科技成果处置和收益分配机制，允许调整学业进程、保留学籍休学创新创业的弹性学制等，形成一批可复制可推广的制度成果，普及创新创业教育。以载体创新为重点，是构建创新创业教育新体系的成功经验。应注重跨学科融合。鼓励学生跨学科学习，并设立跨学科的创新实践项目，接触到更广阔的知识领域，培养出更具创新精神的人才。

（2）加强对学生的指导和帮扶。高校应该建立健全的指导体系，为学生提供全方位的指导和帮扶。具体来说，可通过开展创新创业讲座、组织实践活动、提供实践平台等方式来帮助学生提高创新能力和实践能力。

（3）加强与企业的合作。高校应积极与企业合作，共同开展创新创业活动。通过与企业合作，可以让学生更好地了解市场需求和行业动态，同时可以为企业提供更多的人才支持。此外，高校可以与企业加强科研项目合作、实践教育合作、科技创新合作以及育人方面的合作。通过这些不同类型的合作形式，能让高校学生尽早接触社会，了解行业前沿和社会现实，激发学生创新创业热情。

（4）提升高校教师的创新创业能力。

1）加强教师的创新创业教育教学能力和素养培训，改革教学方法和考核方式，推动教师把国际前沿学术发展、最新研究成果和实践经验融入课堂教学。

2）完善高校双创指导教师到行业企业挂职锻炼的保障激励政策。

3）加强对年轻教师的创新思维和创造思维等方面的训练，并强化对指导学生培育创新性思维和创新力的能力，实施以个人为基础的多样化训练方法。

（5）营造浓厚的校园创新创业氛围。

1）举办创新创业竞赛。可以通过举办各类创新创业竞赛，如"挑战杯"大学生课外学术科技作品竞赛、创业计划大赛等，激发学生的创新创业热情，提供展示创新创业成果的平台。

2）建立创新创业实践基地。可以建立一些创新创业实践基地，提供场地、设备及资金等支持，鼓励学生进行创新创业实践，提供创业孵化的机会。

3）开设创新创业课程。可以开设一些创新创业相关的课程，如创新思维训练、创业基础、创业案例分析等，培养学生的创新意识和创业能力，提高其创业成功率。

4）邀请创业成功人士分享经验。可以邀请一些创业成功人士到校园进行分享交流，让学生了解创业的过程和经验，激发其创业热情。

5）营造创新创业文化氛围。可以通过校园媒体、宣传栏、微博、微信等渠道宣传创新创业文化，让学生了解创新创业的重要性和意义，营造创新创业文化氛围。

6.8 本章小结

本章主要从创业资源汇聚、创新人才培育、创业文化和氛围营造、鼓励数字消费、建设数字基础设施、规范数据交易市场以及推动高校创新创业发展七个方面提出了构建新型创业生态系统的策略。

第7章　结论与讨论

7.1　研究结论

　　本书聚焦于"互联网+"背景下的新型创业生态系统，旨在探讨其生成与演化的内在机理。具体内容包括：①分析新型创业生态系统的基本特征及其构成要素；②研究系统生成过程中关键驱动因素与资源整合模式；③解析系统演化的阶段性特征与自组织、他组织的协同机制；④提出构建和优化新型创业生态系统的策略，以实现区域经济与创新创业的高质量发展。通过案例研究与理论分析相结合的方法，本书得到以下研究结论：

　　（1）新型创业生态系统的生成与演化体现了创业资源在线化和系统协同性的本质特点，呈现出显著的动态性和复杂性特征。相较于传统创业生态系统，新型创业生态系统依托互联网技术突破了地理空间的限制，实现了线上线下资源的深度融合，创业资源分布从"地理定位"转向"网络定位",系统的开放性和全球可达性显著提升。这种虚拟化、均等化的资源配置模式为创业者提供了广泛的创新机会,同时重塑了创业生态系统的协同逻辑。

(2)新型创业生态系统的构成要素体系化且多元化,包括以创业者为核心的核心物种,以投资机构、创业服务机构等为代表的辅助物种,以及政策支持、基础设施提供者等支持物种。系统内各要素间的紧密互动形成了资源的高效流转与价值共享,最终通过协同作用提升了系统运行效率和创业绩效。在线资源和平台的加入不仅扩展了生态系统的边界,还增强了其资源整合能力和功能涌现效应,进一步巩固了新型创业生态系统在推动创新创业活动中的战略地位。

(3)新型创业生态系统的生成体现了资源跨界融合和主体协同创新的核心特质,其形成过程受到多维要素交互的深刻影响。通过对典型案例的分析,本书研究揭示了新型创业生态系统生成过程中关键驱动因素和组织结构的动态特征。系统生成的内在逻辑在于创业资源、服务主体与创业者需求的高度匹配,而资源跨界融合、政策支持与技术创新的共同作用为系统生成提供了核心驱动力。

(4)新型创业生态系统生成的关键在于平台经济和资源网络的黏性作用。以互联网平台为基础的资源分配机制显著降低了创业成本,扩展了资源获取的空间范围,并通过线上线下资源的互补性加强了系统内部的协同性。政策引导在系统生成中表现出显著的外部推动力,包括政策工具的设计、数字基础设施的建设和资源流动的规范化等。同时,创新需求驱动了创业主体间的密切互动,形成了动态的协同网络和生态黏合机制,这一网络既是资源流转的纽带,也是系统功能优化的重要保障。

(5)新型创业生态系统的演化是一个多阶段、动态协同的过程,其内在机制体现了自组织与他组织相结合的特点。系统的演化不仅表现为创业资源和服务的逐步集聚与优化，也反映了各主体间协作关系的不断强化和功能的持续涌现。本书通过时序和理论框架分析，明确了新型创业生态系统的演化过程包括生成、扩展、成熟和优化等阶段，每一阶段的特征和驱动因素各异。自组织机制在系统演化中发挥了核心作用，通过市场主体的资源整合和协同创新，实现了资源效率的最大化与系统自我优化。同时，他组织机制作为外部力量，为系统提供了政策、技术和基础设施等关键支持，形成了推动生态系统持续发展的重要动力来源。系统内各主体的交互关系通过资源共享、功能整合和需求匹配进一步优化，强化了创业生态系统的整体竞争力和抗扰动能力。

（6）新型创业生态系统的演化受到创新文化、社会环境和数字技术的深刻影响，功能涌现机制进一步扩展了系统的边界与服务能力。本书揭示了驱动新型创业生态系统演化的核心动力，包括技术创新、市场需求变化与政策导向等，并强调了协同演化在推动系统持续发展中的关键作用。这一结论为把握生态系统动态优化路径和制定促进创新创业的战略政策提供了重要理论支持及实践指引。

（7）新型创业生态系统的构建是一个多维协同与动态优化的过程，涵盖政策、资源、文化与技术等多方面的统筹协调。本书提出了构建新型创业生态系统的七大策略：创业资源汇聚、创新人才培育、创业文化营造、数字消费鼓励、数字基础设施建设、数据市场规范化和高校创新创业支持。创业资源的高效汇聚是生态系统构建的基础，通过跨界资源融合和平台支持，可以显著提升资源的可获得性与利用效率。创新人才的培育作为核心要素，不仅增强了系统的创新能力，也为创业活动注入了持续活力。此外，创业文化和氛围的营造是推动创业生态可持续发展的重要保障，包容创新与宽容失败的社会环境对系统运行至关重要。数字基础设施和数据市场的规范化管理为系统的高效运行提供了技术支持和制度保障，同时推动了资源的公平分配与创业环境的优化。高校作为创新创业的重要策源地，通过产学研协同和政策支持能够显著提升生态系统的服务能力与区域竞争力。

7.2　理论意义

本书以"互联网+"背景下的新型创业生态系统为对象，全面探讨其生成与演化的内在机理，为拓展创业生态系统理论边界和创新创业研究提供了重要的理论贡献和创新视角。本书的理论意义主要体现在以下方面：

7.2.1　拓展创业生态系统理论边界

7.2.1.1　从传统创业生态系统到新型创业生态系统的理论突破

传统创业生态系统理论强调物理实体和地理边界的重要性，其构成要素以高校、科研机构、金融机构等为主，受限于地理条件、资源分布和区域经济结构的限制。然而，本书通过揭示"互联网+"背景下创业资源的虚拟化、全网均等化和跨界融合特性，突破了传统创业生态系统"物理实体性"和"地理边界性"的局限，提出了线上线下资源融合的系统性框架，丰富了创业生态系统的理论内涵。

7.2.1.2　明确数字技术在创业生态系统中的核心作用

通过分析新型创业生态系统的生成与演化机理，本书进一步揭示了数字技术（如云计算、大数据和物联网）对创业资源分布、获取和优化的深远影响。在线资源与平台经济的引入，不仅重塑了资源流动路径，还形成了创业者与服务主体之间的新型协同关系。这一发现对数字化经济背景下创业生态系统研究具有重要补充，为理论界进一步探索数字技术在资源整合与功能优化中的作用提供了基础。

7.2.2 丰富创业资源与创业生态系统动态关系理论

7.2.2.1 创业资源在线化的理论贡献

本书提出并论证了创业资源在线化的趋势及其对系统构建的关键意义，进一步明确了资源在线化如何推动创业生态系统的动态优化。这一理论扩展了创业资源传统地理依赖的认知框架，为资源获取模式、分布方式和系统功能优化提供了新的解释路径。

7.2.2.2 创业资源与生态系统协同演化关系的阐释

本书指出，创业资源不仅是系统生成的核心驱动力，同时在系统演化过程中通过与创业主体的协同作用实现资源的动态调整与功能优化。创业资源的规模、分布和整合能力会直接影响创业生态系统的演化方向，而系统本身的扩展与优化又反作用于资源的分布格局和利用效率。这种双向动态关系的阐释，为创业资源与生态系统协同演化提供了更具解释力的理论模型。

7.2.3 构建新型创业生态系统生成与演化理论框架

7.2.3.1 明确生态系统生成的关键机理

通过案例分析，研究提出了新型创业生态系统生成的内外驱动逻辑，阐明了资源跨界融合、政策支持与协同创新机制在系统生成中的核心作用。

这一框架不仅揭示了系统从无序到有序的生成路径，还厘清了各主体间的互动机制和黏合过程，为探索创业生态系统生成的理论研究提供了创新视角。

7.2.3.2 系统演化的阶段性与动态特征分析

本书将新型创业生态系统的演化过程划分为生成、扩展、成熟和优化四个阶段，明确了各阶段的主要特征与驱动机制，提出自组织与他组织协同作用的演化机理。特别是系统内主体间的资源共享、协同创新和功能优化机制的揭示，为动态演化研究提供了系统性的理论依据。

7.2.4 丰富协同理论在创业生态系统中的应用

7.2.4.1 自组织与他组织协同机制的理论阐释

本书以系统理论和协同理论为基础，深入探讨了创业生态系统内的协同机制，明确了自组织（创业主体的市场化互动与资源整合）和他组织（政策引导与资源配置）在系统生成与演化中的双重作用。自组织机制强调系统内主体间的自主适应与资源整合能力，而他组织机制则突出外部政策与技术支持对系统优化的重要性。

7.2.4.2 跨界资源融合的协同效应分析

研究提出，跨界资源融合不仅增强了创业资源的可达性与多样性，还通过平台化资源整合，显著提升了系统内外部主体的协作效率。这种跨界资源的协同效应为理解系统内资源流动和价值创造提供了新的理论视角。

7.2.5 丰富数字经济背景下的区域经济研究

7.2.5.1 创业生态系统对区域经济创新能力的贡献

本书系统分析了新型创业生态系统对区域经济创新驱动发展的关键作

用，特别是通过数字技术实现的资源均等化与无边界特性，为缩小区域发展差距和优化区域资源配置提供了重要启示。这一发现为区域经济学与数字经济理论的交叉研究提供了新的视角。

7.2.5.2 高校与创新创业的耦合关系研究

本书指出，高校在新型创业生态系统中的关键作用，不仅体现在人才培养与技术转移方面，还通过创新创业教育和产学研协同机制推动了创业生态系统的服务能力提升。这一理论深化了对高校在区域经济与创业生态系统中的角色认知，为未来探索高校与区域经济互动的理论研究奠定了基础。

7.2.6 对构建数字化创业理论的贡献

7.2.6.1 数字化创业与传统创业理论的对接

本书明确了数字化创业与传统创业模式的差异，提出数字化创业更加依赖平台经济、数据资源和网络协同机制。这一理论贡献为数字化创业模式的研究提供了理论支撑，并为数字化与传统创业理论的整合指明了方向。

7.2.6.2 数据驱动的创业资源配置理论

本书提出了数据交易与数字基础设施对创业资源配置效率的提升作用，强调了规范化的数据市场管理对资源公平分配和效率优化的关键性。这一创新性视角为创业生态系统的资源管理提供了数据驱动的理论框架。

综合而言，本书在创业生态系统理论的研究中具有显著的理论创新性。其理论意义不仅揭示了新型创业生态系统的生成与演化机理，还通过跨学科的研究方法和多案例验证，构建了具有实践指导价值的系统性理论框架。本书丰富了创业生态系统理论的内涵，拓展了创业资源、数字技术与区域经济交叉研究的边界，为未来学术研究提供了新的方向和视角。这些理论成果不仅对学术界具有重要价值，也为数字经济时代的创业实践提供了科学依据和理论支撑。

7.3 实践启示

本书以"互联网+"背景下的新型创业生态系统为研究对象，系统分析了其生成与演化的内在机理，提出了针对性强的构建与优化策略，为区域经济发展、创新创业政策制定及数字经济背景下的资源高效配置提供了重要的实践意义。

7.3.1 提升创业资源配置效率，促进创新驱动发展

本书揭示了新型创业生态系统通过线上线下资源的深度融合和虚拟化分布，显著提升了资源配置效率。互联网平台的广泛应用和在线资源的共享特性，使得资源突破了传统地理空间的限制，实现了跨区域、跨行业的深度协作。这一特性大大降低了创业成本，特别是对于资源匮乏地区的创业者，提供了更加均等的创业机会。实践中，这种均等化资源分配方式可以释放区域潜力，加速创新创业活动的扩展，最终推动整个区域的经济和技术进步。

通过数字化资源优化，企业能够更快获取创新所需的人才、资金和市场资源，缩短产品研发与市场化的周期，提升市场竞争力。这种资源整合机制为实践提供了参考：推动区域内的创业资源汇聚，通过在线平台连接全国甚至全球范围的资源网络，能够有效推动区域经济的创新驱动发展。

7.3.2 指导精准政策制定，优化区域创业环境

本书对新型创业生态系统生成与演化的内外驱动因素的分析，提出了精准化政策设计的路径，为各级政府优化区域创业环境提供了实用指南。本书指出，资源跨界融合和政策支持是新型创业生态系统生成的关键动力，而政策引导与市场自组织的协同作用能够显著提升系统运行效率。具体而言，政策制定者可以通过以下措施加速生态系统的构建：①支持数字基础设施建设。通过完善云计算、大数据、物联网等基础设施，为创业者提供可靠的技术支撑环境。②强化政策激励。实施税收优惠、融资支持等激励政策，降低创业成本，增强创业者信心。③优化区域协作政策。推动跨区域资源互补与共享，弥合区域发展差距。

深圳、北京中关村和美国硅谷等案例显示，通过政策支持优化创业环境，有助于吸引更多的创新资源流入，形成创业与创新的良性循环。实践中，这种政策导向不仅能够推动区域创新能力的提升，还能增强区域间的协同发展。

7.3.3 推动创新文化建设，营造创业生态氛围

本书强调了创新文化和创业氛围在生态系统可持续发展中的重要性。创新文化是激发社会创新活力的重要基石，而包容创新、宽容失败的创业环境能够增强创业者的信心与韧性。实践中，地方政府可通过设立创新创业奖项、开展创业者分享交流活动以及支持高校创业教育，推动形成浓厚的创业文化氛围。

高校在创新文化建设中的重要作用也被本书充分论证。高校不仅是高素质人才的培养基地，也是科技成果转化的重要平台。通过强化产学研协

同机制，高校能够为区域创业生态系统注入源源不断的创新动力。同时，政府可通过政策引导，激励高校教师、学生参与创新创业活动，进一步推动技术成果向产业化转移。

7.3.4　建设数字基础设施，规范数据市场

数字经济的快速发展对创业生态系统提出了更高要求，本书指出，数字基础设施和数据市场规范化管理是系统可持续发展的重要支撑。通过建设稳定、高效的数字基础设施，能够为创业资源的共享和服务的在线化提供保障；而规范化的数据交易市场有助于保护创业者权益，优化资源的利用效率。政府应通过设立数据标准、加强数据安全监管和推动数据开放共享，促进数据在创业生态系统中的广泛应用。

实践中，通过完善数据基础设施和市场规则，可以有效降低创业资源流转的时间和成本，提升创业效率。例如，政府可以引导企业间共享非敏感数据资源，推动新商业模式的快速验证与迭代，帮助企业更快适应市场需求。

7.3.5　缩小区域差距，促进经济均衡发展

新型创业生态系统具有无边界特性和资源分布虚拟化优势，为缩小区域间创业资源的分配差距提供了重要路径。研究显示，资源的虚拟化与在线化使得创业者无论身处何地，都能通过互联网接入全球资源。这种特性为欠发达地区的创业者提供了新的机遇。同时，通过在线资源整合和跨区域协作，可以实现资源的均衡配置。

实践中，政府可以通过设立跨区域资源共享平台，引导发达地区与欠发达地区在创业资源、技术支持和市场对接方面开展合作。例如，建立创

业孵化器联盟或区域协同创新中心，通过跨地区资源整合和共享，带动欠发达地区的经济发展。

7.3.6 促进数字经济和区域经济的深度融合

本书提出的新型创业生态系统策略不仅服务于创新创业活动本身，还为数字经济和区域经济的深度融合提供了可行路径。通过推动数字消费、建设线上服务平台和拓展创业资源网络，可以加速数字经济要素向区域经济的渗透，提升经济发展的整体效能。

例如，通过发展区域性数字化创业平台和智能产业集群，不仅能吸引更多的数字创业者，还能推动传统产业的数字化转型，为区域经济注入新的增长动力。这种融合发展模式不仅提升了区域经济的创新水平，也促进了全国范围内的产业协同。

综上所述，本书提出的新型创业生态系统理论与实践策略，涵盖了政策设计、资源整合、文化培育和技术支撑等多个维度，为区域创新驱动发展提供了全方位的指导。这些研究成果在当前数字经济快速发展的背景下，能够有效应对创新创业面临的挑战，同时为区域经济高质量发展提供科学依据和实际操作框架。通过优化政策、完善基础设施、推动文化建设与资源共享，可以构建更加高效、开放和可持续的新型创业生态系统，从而助力区域经济与社会的全面繁荣。

参考文献

［1］ Spigel B，Harrison R. Toward a process theory of entrepreneurial eco-systems ［J］. Strategic Entrepreneurship Journal，2018，12（1）：151-168.

［2］ Miller D J，Acs Z J. The campus as entrepreneurial ecosystem：The University of Chicago ［J］. Small Business Economics，2017，49（1）：75-95.

［3］ Acs Z J，Stam E，Audretsch D B，et al. The lineages of the entrepreneurial ecosystem approach ［J］. Small Business Economics，2017，49（1）：1-10.

［4］ Sussan F，Acs Z J. The digital entrepreneurial ecosystem ［J］. Small Business Economics，2017，49（1）：55-73.

［5］ Auerswald P E，Dani L. The adaptive life cycle of entrepreneurial eco-systems：The biotechnology cluster ［J］. Small Business Economics，2017，49（1）：97-117.

［6］ Kuratko D F，Fisher G，Bloodgood J M，et al. The paradox of new venture legitimation within an entrepreneurial ecosystem ［J］. Small Business Eco-nomics，2017，49（1）：119-140.

［7］ Colombo M G，Dagnino G B，Lehmann E E，et al. The governance of entrepreneurial ecosystems ［J］. Small Business Economics, 2019, 52 （2）: 419-428.

［8］ Thompson T A, Purdy J M, Ventresca M J. How entrepreneurial ecosystems take form: Evidence from social impact initiatives in Seattle ［J］. Strategic Entrepreneurship Journal, 2018, 12 （1）: 96-116.

［9］ Goswami K, Mitchell J R, Bhagavatula S. Accelerator expertise: Understanding the intermediary role of accelerators in the development of the Bangalore entrepreneurial ecosystem ［J］. Strategic Entrepreneurship Journal, 2018, 12 （1）: 117-150.

［10］ Autio E, Nambisan S, Thomas L D W, et al. Digital affordances, spatial affordances, and the genesis of entrepreneurial ecosystems ［J］. Strategic Entrepreneurship Journal, 2018, 12 （1）: 72-95.

［11］ David Audretsch, Colin Mason, Morgan P Miles, Allan O' Connor. The dynamics of entrepreneurial ecosystems ［J］. Entrepreneurship & Regional Development, 2018, 30 （3）: 471-474.

［12］ 王正沛, 李国鑫. 线上线下资源融合的新型创业生态系统研究 ［J］. 管理学报, 2018 （6）: 803-813.

［13］ 朱秀梅, 林晓玥, 王天东. 数字创业生态系统动态演进机理——基于杭州云栖小镇的案例研究 ［J］. 管理学报, 2020 （4）: 487-497.

［14］ 刘志铭, 邹文. 数字创业生态系统: 理论框架与政策思考 ［J］. 广东社会科学, 2020 （4）: 5-14.

［15］ 赵文博, 张敏. 数字创业机会共创的参与要素研究——基于数字创业生态系统视角 ［J］. 时代经贸, 2021 （3）: 75-80.

［16］ 杜晶晶, 王涛, 郝喜玲, 冯婷婷. 数字生态系统中创业机会的形

成与发展：基于社会资本理论的探究 ［J］. 心理科学进展，2022（6）：1205-1215.

［17］马鸿佳，林樾，肖彬. 数字创业生态系统中多主体互动对数字创业绩效的影响——基于 fsQCA 方法的研究 ［J］. 研究与发展管理，2022（3）：41-53.

［18］朱秀梅，杨姗. 数字创业生态系统多主体协同机制研究 ［J］. 管理学报，2023，20（1）：86-95.

［19］陈稼瑜，马晓芸，童小军. 数字创业生态系统的形成路径研究——以华东国际珠宝城为例 ［J］. 管理案例研究与评论，2022（4）：430-442.

［20］Cohen B. Sustainable valley entrepreneurial ecosystems ［J］. Business Strategy and the Environment，2006，15（1）：1-14.

［21］Isenberg D. Introducing the entrepreneurship ecosystem：Four defining characteristics ［J］. Forbes，2011（5）：25-31.

［22］Stam E. Entrepreneurial ecosystems and regional policy：A sympathetic critique ［J］. European Planning Studies，2015，23（9）：1759-1769.

［23］林嵩. 创业生态系统：概念发展与运行机制 ［J］. 中央财经大学学报，2011（4）：58-62.

［24］Mason C，Brown R. Entrepreneurial ecosystems and growth oriented entrepreneurship ［J］. Final Report to OECD，Paris，2014，30（1）：77-102.

［25］Neumeyer X，Santos S C. Sustainable business models，venture typologies，and entrepreneurial ecosystems：A social network perspective ［J］. Journal of Cleaner Production，2018（172）：4565-4579.

［26］赵涛，刘文光，边伟军. 区域科技创业生态系统的结构模式与功

能机制研究 [J]. 科技管理研究, 2011, 31 (24): 78-82.

[27] 陈夙, 项丽瑶, 俞荣建. 众创空间创业生态系统: 特征、结构、机制与策略——以杭州梦想小镇为例 [J]. 商业经济与管理, 2015 (11): 35-43.

[28] Fraiberg S. Start – up nation: Studying transnational entrepreneurial practices in Israel's start – up ecosystem [J]. Journal of Business and Technical Communication, 2017, 31 (3): 350-388.

[29] 杨隽萍, 于青青, 肖苏卿. 创业生态系统研究述评——基于系统学理论视角 [J]. 浙江理工大学学报 (社会科学版), 2018, 40 (4): 329-337.

[30] Gómez-Uranga M, Miguel J C, Zabala-Iturriagagoitia J M. Epigenetic economic dynamics: The evolution of big internet Business Ecosystems, evidence for patents [J]. Technovation, 2014, 34 (3): 177-189.

[31] Adner R, Kapoor R. Value creation in innovation ecosystems: How the structure of technological interdependence affects firm performance in new technology generations [J]. Strategic Management Journal, 2010, 31 (3): 306-333.

[32] Levie J, Autio E, Acs Z, et al. Global entrepreneurship and institutions: An introduction [J]. Small Business Economics, 2014, 42 (3): 437-444.

[33] Roundy P T. Social entrepreneurship and entrepreneurial ecosystems: Complementary or disjoint phenomena? [J]. International Journal of Social Economics, 2017, 44 (9): 1252-1267.

[34] Acs Z J, Autio E, Szerb L. National systems of entrepreneurship: Measurement issues and policy implications [J]. Research Policy, 2014, 43

（3）：476-494.

［35］Audretsch D B, Belitski M. Entrepreneurial ecosystems in cities: Establishing the framework conditions ［J］. The Journal of Technology Transfer, 2017, 42（5）：1030-1051.

［36］Carayannis E G, Grigoroudis E, Campbell D F J, et al. The ecosystem as helix: An exploratory theory-building study of regional coopetitive entrepreneurial ecosystems as Quadruple/Quintuple Helix Innovation Models ［J］. R&D Management, 2018, 48（1）：148-162.

［37］Freitas C, Kitson M. Perceptions of entrepreneurial ecosystems in remote islands and core regions ［J］. Island Studies Journal, 2018（13）：267-284.

［38］Mack E, Mayer H. The evolutionary dynamics of entrepreneurial ecosystems ［J］. Urban Studies, 2016, 53（10）：2118-2133.

［39］Spigel B. The relational organization of entrepreneurial ecosystems ［J］. Entrepreneurship Theory and Practice, 2017, 41（1）：49-72.

［40］蔡莉, 彭秀青, Satish Nambisan, 王玲. 创业生态系统研究回顾与展望 ［J］. 吉林大学社会科学学报, 2016, 56（1）：5-16+187.

［41］Cukier D, Kon F, Lyons T S. Software startup ecosystems evolution: The New York City case study ［C］. IEEE International Technology Management Conference, 2016.

［42］Gauthier J F, Penzel M, Marmer M. Global startup ecosystem report 2017 ［R］. San Francisco: Startup Genome, 2017.

［43］Malecki E J. Entrepreneurship and entrepreneurial ecosystems ［J］. Geography Compass, 2018, 12（3）：7-14.

［44］Brown R, Mason C. Looking inside the spiky bits: A critical review and conceptualisation of entrepreneurial ecosystems［J］. Small Business Economics, 2017, 49（1）: 11-30.

［45］ Nambisan S. Digital entrepreneurship: Toward a digital technology perspective of entrepreneurship［J］. Entrepreneurship Theory and Practice, 2017, 41（6）: 1029-1055.

［46］ Du W, Pan S L, Zhou N, et al. From a marketplace of electronics to a Digital Entrepreneurial Ecosystem（DEE）: The emergence of a meta-organization in Zhongguancun, China［J］. Information Systems Journal, 2018, 28（6）: 1158-1175.

［47］ 王正沛, 李国鑫. 线上线下资源融合的新型创业生态系统研究［J］. 管理学报, 2018, 15（6）: 803.

［48］ Neck H M, Meyer G D, Cohen B, et al. An entrepreneurial system view of new venture creation［J］. Journal of Small Business Management, 2004, 42（2）: 190-208.

［49］ Nadim A, Anders H. A framework for addressing and measuring entrepreneurship［R］. OECD, 2008.

［50］ Suresh J, Ramraj R. Entrepreneurial ecosystem: Case study on the influence of environmental factors on entrepreneurial success［J］. European Journal of Business and Management, 2012, 4（16）: 95-101.

［51］ Feld B. Startup communities: Building an entrepreneurial ecosystem in your city［M］. London: John Wiley & Sons, 2012.

［52］ Foster G, Shimizu C, Ciesinski S, et al. Entrepreneurial ecosystems around the globe and company growth dynamics［C］. Geneva World Economic Forum, 2013: 11.

［53］汪忠，廖宇，吴琳．社会创业生态系统的结构与运行机制研究［J］．湖南大学学报（社会科学版），2014，28（5）：61-65.

［54］杨勇，王志杰．区域科技创业生态系统运行机制及政策仿真研究［J］．科学学与科学技术管理，2014，35（12）：99-108.

［55］吴伟，陈仲常，黄玮．国家创业生态系统要素与创业活动关系研究［J］．科技进步与对策，2016，33（18）：7-11.

［56］马鸿佳，宋春华，毕强．基于创业生态系统的多层级知识转移模型研究［J］．图书情报工作，2016，60（14）：16-23.

［57］Hayter C S. A trajectory of early－stage spinoff success：The role of knowledge intermediaries within an entrepreneurial university ecosystem［J］. Small Business Economics，2016，47（3）：633-656.

［58］Roundy P T. Start-up community narratives：The discursive construction of entrepreneurial ecosystems［J］. The Journal of Entrepreneurship，2016，25（2）：232-248.

［59］Reid C D. The blackwell handbook of entrepreneurship［J］. Reference Reviews，2001，15（1）：20-24.

［60］项国鹏，宁鹏，罗兴武．创业生态系统研究述评及动态模型构建［J］．科学学与科学技术管理，2016，37（2）：79-87.

［61］陈海涛，宋姗姗，李健佳．创业生态系统的信息传播机制及路径研究［J］．情报理论与实践，2017，40（9）：101-104.

［62］Qian H. Knowledge-based regional economic development：A synthetic review of knowledge spillovers，entrepreneurship，and entrepreneurial ecosystems［J］. Economic Development Quarterly，2018，32（2）：163-176.

［63］Roundy P T，Brockman B K，Bradshaw M. The resilience of entrepreneurial ecosystems [J]. Journal of Business Venturing Insights, 2017 (8): 99-104.

[64] Roundy P T. Hybrid organizations and the logics of entrepreneurial ecosystems [J]. International Entrepreneurship and Management Journal, 2017, 13 (4): 1221-1237.

[65] Yi G, Uyarra E. Process mechanisms for academic entrepreneurial ecosystems: Insights from a case study in China [J]. Science, Technology and Society, 2018, 23 (1): 85-106.

[66] 向永胜, 古家军. 基于创业生态系统的新型众创空间构筑研究 [J]. 科技进步与对策, 2017, 34 (22): 20-24.

[67] 林艳, 张晴晴, 李慧. 基于时空观的绿色创业生态系统共生演化仿真研究 [J]. 学习与探索, 2018 (11): 110-116.

[68] 宋晓洪, 丁莹莹, 焦晋鹏. 创业生态系统共生关系研究 [J]. 技术经济与管理研究, 2017 (1): 27-31.

[69] Schäfer S, Henn S. The evolution of entrepreneurial ecosystems and the critical role of migrants. A phase-model based on a study of IT startups [J]. Cambridge Journal of Regions, Economy and Society, 2018, 11 (2): 317-333.

[70] Vogel P. The employment outlook for youth: Building entrepreneurial ecosystems as a way forward [C]. St. Petersburg: Conference Paper for the G20 Youth Forum, 2013.

[71] Stangler D, Bell-Masterson J. Measuring an entrepreneurial ecosystem [C]. Kansas City: Kauffman Foundation Research Serieson City, Metro, and Regional Entrepreneurship, 2015.

[72] Nicotra M, Romano M, Del Giudice M, et al. The causal relation be-

tween entrepreneurial ecosystem and productive entrepreneurship: A measurement framework [J]. The Journal of Technology Transfer, 2018, 43 (3): 640-673.

[73] 蔡义茹, 蔡莉, 杨亚倩, 卢珊. 创业生态系统的特性及评价指标体系——以 2006—2015 年中关村发展为例 [J]. 中国科技论坛, 2018 (6): 133-142.

[74] Colombo M G, D'Adda D, Pirelli L H. The participation of new technology-based firms in EU-funded R&D partnerships: The role of venture capital [J]. Research Policy, 2016, 45 (2): 361-375.

[75] Audretsch D B, Link A N. Embracing an entrepreneurial ecosystem: An analysis of the governance of research joint ventures [J]. Small Business Economics, 2019, 52 (2): 429-436.

[76] Bhawe N, Zahra S A. Inducing heterogeneity in local entrepreneurial ecosystems: The role of MNEs [J]. Small Business Economics, 2019, 52 (2): 437-454.

[77] Cumming D, Werth J C, Zhang Y. Governance in entrepreneurial ecosystems: Venture capitalists vs. technology parks [J]. Small Business Economics, 2019, 52 (2): 455-484.

[78] Colombelli A, Paolucci E, Ughetto E. Hierarchical and relational governance and the life cycle of entrepreneurial ecosystems [J]. Small Business Economics, 2019, 52 (2): 505-521.

[79] Ghio N, Guerini M, Rossi-Lamastra C. The creation of high-tech ventures in entrepreneurial ecosystems: Exploring the interactions among university knowledge, cooperative banks, and individual attitudes [J]. Small Business Economics, 2019, 52 (2): 523-543.

[80] 张炜，魏丽娜．基于"知识三角"模型的荷兰区域创业生态系统构成及其经验启示——以 Brainport、MRA 创业生态系为例 [J]．自然辩证法研究，2018，34（5）：75-80+122.

[81] 熊小杏．农村创业生态系统构建与绩效优化策略研究 [J]．南方农机，2024，55（13）：32-34+40.

[82] 徐明霞，张琳潇．区域创新创业生态系统绩效的影响因素及评价指标体系构建 [J]．决策咨询，2024（3）：44-48+52.

[83] 蒋辉，黄世瑛．创业生态系统的理论内涵与运行机制研究 [J]．创新与创业教育，2024，15（2）：1-8.

[84] 许田田．孵化器创业生态系统价值共创研究：回顾与展望 [J]．科技创新与生产力，2024，45（4）：23-26.

[85] 张家明，陈宇欣，谢春晖，韩明丹．数字经济背景下创业生态系统对创业活跃度的影响——基于 NCA 和 fsQCA 的实证分析 [J]．武汉理工大学学报（社会科学版），2024，37（2）：89-100.

[86] 卢珊，蔡莉，杨亚倩．数字创业生态系统特性：维度探析与量表开发 [J]．研究与发展管理，2024，36（2）：139-153.

[87] 鲁宏杏子．数字创业生态系统内创业机会创造研究——基于建构主义和系统开放性特征的视角 [J]．创新与创业教育，2024，15（1）：98-105.

[88] 苏钟海，魏江，张瑜，陶金华．创业企业构建共生型生态系统机理研究 [J]．科学学研究，2024，42（8）：1685-1694+1770.

[89] 曹钰华，李晶．数字创业生态系统嵌入对创业机会迭代的驱动机制研究 [J]．软科学，2024，38（1）：1-7.

[90] 刘振元，马凌晨，陈莹，张璐．创业生态系统提升城市创业活跃度研究——基于模糊集定性的比较分析 [J]．武汉理工大学学报（社会科学

版），2024，37（3）：93-106.

［91］杨齐，牟瑞．黄河流域城市创业生态系统建设水平综合评价及其动态演变［J］．武汉商学院学报，2024，38（1）：60-67.

［92］马荣康，赵淼磊．基于员工创业的企业生态系统演化特征研究——以阿里巴巴为例［J］．科学学与科学技术管理，2024，45（3）：168-188.

［93］黄国妍，袁亚芳，王明弦．阿里巴巴科技金融与创新创业生态圈案例分析报告［J］．上海商业，2019（5）：44-49.

［94］姚晨．数字化时代创业生态系统演化过程与机制研究——以腾讯众创空间为案例［J］．科技进步与对策，2022（5）：48-51.

［95］岳振宇，程思祺．数字创业生态系统与创业机会资源一体化机制［J］．现代企业，2023（10）：102-104.

［96］裴秋亚，李诚，张明喜．数字创业生态系统协同水平测度与动态趋势特征分析［J］．统计与决策，2023，39（17）：179-183.

［97］范雅楠，刘阳，云乐鑫．基于 CiteSpace 的国内外数字创业生态系统可视化分析［J］．科技创业月刊，2023，36（8）：127-135.

［98］王正沛．数字创业生态系统的组织结构及构建策略研究［J］．中国集体经济，2023（22）：13-16.

［99］何婷．多主体赋能视角下数字创业生态系统价值共创研究［J］．科技创业月刊，2023，36（4）：107-110.

［100］陈稼瑜，张付安，王镱霏．数字创业生态系统构成与运行机理［J］．哈尔滨学院学报，2023，44（4）：51-55.

［101］王节祥，刘双，瞿庆云．数字平台生态系统中的创业企业成长研究：现状、框架与展望［J］．研究与发展管理，2023，35（1）：72-88.

［102］陈稼瑜，马晓芸，童小军．数字创业生态系统的形成路径研

究——以华东国际珠宝城为例 [J]. 管理案例研究与评论, 2022, 15 (4): 430-442.

[103] 朱秀梅, 杨姗. 数字创业生态系统研究述评与展望 [J]. 外国经济与管理, 2022, 44 (5): 48-63.

[104] 杜晶晶, 王涛, 郝喜玲, 冯婷婷. 数字生态系统中创业机会的形成与发展: 基于社会资本理论的探究 [J]. 心理科学进展, 2022, 30 (6): 1205-1215.

[105] 吕佳桐. 数字创业生态系统研究综述与展望 [J]. 郑州轻工业大学学报 (社会科学版), 2021, 22 (6): 63-69.

[106] 赵文博, 张敏. 数字创业机会共创的参与要素研究——基于数字创业生态系统视角 [J]. 时代经贸, 2021, 18 (3): 75-80.

[107] 邓春丽, 周佩钰, 张巍. GEM 框架下的广州与深圳创业环境比较研究 [J]. 企业科技与发展, 2024 (3): 50-54.

[108] 李雪灵, 龙玉洁, 李巍, 刘晶. 融合视角下创业生态系统阶段特征演化研究: 基于深圳上市公司的文本分析 [J]. 管理学报, 2023, 20 (3): 317-328.

[109] 张巍, 许诺. 城市创业生态系统形成机理分析——以中关村创业大街为例 [J]. 科技创业月刊, 2018, 31 (10): 12-15.

[110] 董池. 中关村创业大街的创新创业生态系统 [J]. 艺术科技, 2016, 29 (2): 354.

[111] 赖晓南. 中关村核心区创业生态系统的发展现状 [J]. 高科技与产业化, 2015 (8): 98-100.

[112] 杨慧. 优势与挑战: 当前美国硅谷创新创业环境 [J]. 科技创新与生产力, 2024, 45 (7): 26-30.

［113］杨文燮．创业活动的影响因素及中国创业型社会的构建探析——基于美国硅谷与128公路产业带的比较研究［J］．创新创业理论研究与实践，2019，2（1）：187-190.

［114］李浩，张龙奎．创业生态系统框架下企业资源行动及绩效演化——以创业能力作为中介变量的实证研究［J］．科技创业月刊，2024，37（1）：45-55.

［115］杨俊，金敖，叶文平．创新驱动创业的微观触发机制：基于决断的理论模型［J］．管理学季刊，2023，8（4）：70-83+166.

［116］李志刚，宫舒文，彭涛．竞合战略驱动下裂变创业价值创造机制——基于资源行动视角的多案例研究［J］．经济管理，2023，45（9）：88-104.

［117］辛本禄，穆思宇．战略创业理论视角下服务创新驱动机制研究——一个模糊集定性比较分析［J］．科技进步与对策，2023，40（11）：112-121.

［118］Shi X, Shi Y. Unpacking the process of resource allocation within an entrepreneurial ecosystem［J］. Research Policy, 2022, 51 (9)：7-14.

［119］Harima A. Theorizing disembedding and re－embedding：Resource mobilization in refugee entrepreneurship［J］. Entrepreneurship & Regional Development, 2022, 34 (3-4)：269-293.

［120］Abu-Rumman A, Al Shraah A, Al-Madi F, et al. Entrepreneurial networks, entrepreneurial orientation, and performance of small and medium enterprises：Are dynamic capabilities the missing link?［J］. Journal of Innovation and Entrepreneurship, 2021, 10 (1)：29.

［121］王颂，张涵茹，张了丹，蒋卓人．创业网络从何而来？——决

策逻辑视角下创业者结网研究回顾与展望［J］. 经济管理学刊，2024，3（2）：155-188.

［122］耿直，初俊瑶，师珂. 乡村振兴视域下创业网络对创业绩效的影响［J］. 投资与创业，2023，34（22）：10-12.

［123］Wang W，Liang Q，Mahto R V，et al. Entrepreneurial entry：The role of social media［J］. Technological Forecasting and Social Change，2020（161）：120337.

［124］刘怡. 大学生适应创业环境对策分析与研究［J］. 人才资源开发，2015（8）：194.

［125］Bejjani M，Göcke L，Menter M. Digital entrepreneurial ecosystems：A systematic literature review［J］. Technological Forecasting and Social Change，2023（189）：7-14.

［126］Purbasari R，Muttaqin Z，Sari D S. Digital entrepreneurship in pandemic Covid 19 era：The digital entrepreneurial ecosystem framework［J］. Review of Integrative Business and Economics Research，2021（10）：114-135.

［127］Elia G，Margherita A，Passiante G. Digital entrepreneurship ecosystem：How digital technologies and collective intelligence are reshaping the entrepreneurial process［J］. Technological Forecasting and Social Change，2020（150）：7-14.

［128］姜忠辉，张家琦，罗均梅. 工作繁荣视角下创业文化如何影响员工内部创业——创业警觉性的调节作用［J］. 科技进步与对策，2024，41（4）：111-119.

［129］孙久文，高宇杰. 文化多样性与城市创业活力［J］. 中国软科学，2022（6）：85-95.

［130］石永东，蓝雅，刘榆潇，卫武，贺远琼．宽容的创业文化对再创业绩效的影响机制［J］．科学学研究，2022，40（7）：1254–1262+1284.

［131］马占杰．逆向文化冲击与海外华侨华人回国创业意向［J］．科学学研究，2022，40（9）：1641–1648.

［132］张博，范辰辰．稻作与创业：中国企业家精神南北差异的文化起源［J］．财贸经济，2021，42（6）：71–86.

［133］邢楠，杨雅迪．地域文化对创新创业的影响［J］．税务与经济，2020（3）：32–37.

［134］ List D. Entrepreneurship as a self – organizing ecological process ［J］. Proceedings of the AGSE International Entrepreneurship Research Exchange, Brisbane, February, 2007（1）：7–14.

［135］Coleman, Jr II J. What enables self organizing behavior in businesses ［J］. Emergence, 1999, 1（1）：33–48.

［136］宋爱忠．"自组织"与"他组织"概念的商榷辨析［J］．江汉论坛，2015（12）：42–48.

［137］宋爱忠．走向深入：自组织与他组织内涵判明［J］．自然辩证法研究，2015，31（10）：125–128.

［138］魏道江，康承业，李慧民．自组织与他组织的关系及其对管理学的启示［J］．系统科学学报，2014，22（2）：45–48.

［139］罗福周，党苗．系统自组织与他组织视角下创意集群动力机制探讨［J］．商业时代，2014（18）：129–130.

［140］Tapsell P, Woods C. Social entrepreneurship and innovation：Self-organization in an indigenous context ［J］. Entrepreneurship & Regional Development, 2010, 22（6）：535–556.

[141] Shir N, Ryff C D. Entrepreneurship, self-organization, and eudai-monic well-being: A dynamic approach [J]. Entrepreneurship Theory and Practice, 2022, 46 (6): 1658-1684.

[142] Chronopoulou A, Papangelopoulos A, Papageorgiou T. Is infrastructure a critical aspect of self-organized entrepreneurial activity? [J]. Capital & Class, 2024 (1): 7-14.

[143] Venancio A, Picoto W, Pinto I. Time-to-unicorn and digital entrepreneurial ecosystems [J]. Technological Forecasting and Social Change, 2023 (190): 122425.

[144] Gorelova I, Dmitrieva D, Dedova M, et al. Antecedents and consequences of digital entrepreneurial ecosystems in the interaction process with smart city development [J]. Administrative Sciences, 2021, 11 (3): 94.

[145] Purbasari R, Muttaqin Z, Sari D S. Identification of actors and factors in the digital entrepreneurial ecosystem: The case of digital platform-based MSMEs in Indonesia [J]. Review of Integrative Business and Economics Research, 2021 (10): 164-187.

[146] Beliaeva T, Ferasso M, Kraus S, et al. Dynamics of digital entrepreneurship and the innovation ecosystem: A multilevel perspective [J]. International Journal of Entrepreneurial Behavior & Research, 2020, 26 (2): 266-284.

[147] Fernandes C, Ferreira J J, Veiga P M, et al. Digital entrepreneurship platforms: Mapping the field and looking towards a holistic approach [J]. Technology in Society, 2022 (70): 7-14.

[148] Torres P, Godinho P. Levels of necessity of entrepreneurial ecosystems elements [J]. Small Business Economics, 2022, 59 (1): 29-45.

［149］Elia G，Margherita A，Ciavolino E，et al. Digital society incubator：Combining exponential technology and human potential to build resilient entrepreneurial ecosystems ［J］. Administrative Sciences，2021，11（3）：96.

［150］Sahut J M，Iandoli L，Teulon F. The age of digital entrepreneurship ［J］. Small Business Economics，2021，56（3）：1159-1169.

［151］Song Y，Escobar O，Arzubiaga U，et al. The digital transformation of a traditional market into an entrepreneurial ecosystem ［J］. Review of Managerial Science，2022，16（1）：65-88.

［152］许光清，邹骥. 系统动力学方法：原理、特点与最新进展 ［J］. 哈尔滨工业大学学报（社会科学版），2006（4）：72-77.

［153］郭韬，丁小洲，乔晗，张春雨. 价值网络对科技型创业企业商业模式创新影响机制的系统动力学仿真分析——基于系统管理与 CET@I 方法论视角 ［J］. 管理评论，2020，32（7）：41-53.

［154］武超茹. 基于系统动力学的创业型企业商业模式研究 ［J］. 改革与开放，2019（3）：15-17.

［155］崔祥民，江南. 基于系统动力学的创业企业孵化器可持续发展研究 ［J］. 华东经济管理，2013，27（11）：116-120.

［156］赵涛，刘文光，边伟军. 基于系统动力学的区域科技创业生态群落运行机制研究 ［J］. 科技进步与对策，2012，29（16）：20-24.

［157］段锴丰，施建刚，吴光东，周佳宁，刘聪. 长三角地区城乡融合发展动力机制的系统动力学仿真 ［J］. 地理科学进展，2024，43（7）：1320-1336.

［158］齐丽云，汪克夷，张芳芳，赵笑一. 企业内部知识传播的系统动力学模型研究 ［J］. 管理科学，2008，21（6）：9-20.

［159］宋世涛，魏一鸣，范英. 中国可持续发展问题的系统动力学研究进展［J］. 中国人口·资源与环境，2004（2）：11-15.

［160］赵黎明，李振华. 城市创新系统的动力学机制研究［J］. 科学学研究，2003（1）：97-100.

［161］田鸽. 数字基础设施能否缩小社会经济地位的性别差距［J］. 世界经济，2024（10）：221-248.

［162］田丽超，张务伟. 数字基础设施如何影响农村家庭创业？［J］. 中国人口·资源与环境，2024（8）：166-178.

［163］郑燕霞，袁劲，黄梅波. 数字基础设施援助能否为全球减贫注入中国力量［J］. 国际贸易问题，2024（10）：36-52.

［164］姚树洁，蒋艺翅. 数字基础设施与企业新质生产力形成：理论与实证［J］. 东北师大学报（哲学社会科学版），2024（5）：1-12.

［165］吉冰冰，罗红艳. 美国高校教师学术创业之动力机制、制度路径与经验启示［J］. 河南大学学报（社会科学版），2024，64（6）：122-128+156.

［166］檀西西. 高校思政教育与创新创业教育融合的路径［J］. 山西财经大学学报，2024，46（S2）：293-295.

［167］赵丹丹. 高校创新创业教育路径［J］. 山西财经大学学报，2024，46（S2）：266-268.

［168］王洪才. 创新创业教育：高校适应新质生产力发展的根本选择［J］. 江苏高教，2024（8）：25-33.

［169］黄丽静，杨玉. 高校创新创业教育生态：系统结构、困境与优化［J］. 黑龙江高教研究，2024，42（8）：147-153.